A ESSÊNCIA DA Intuição

CB132590

Os Objetivos, a Filosofia e a Missão da Editora Martin Claret

O principal Objetivo da **Martin Claret** é continuar a desenvolver uma grande e poderosa empresa editorial brasileira, para melhor servir a seus leitores.

A Filosofia de trabalho da **Martin Claret** consiste em criar, inovar, produzir e distribuir, sinergicamente, livros da melhor qualidade editorial e gráfica, para o maior número de leitores e por um preço economicamente acessível.

A Missão da **Martin Claret** é a de conscientizar e motivar as pessoas a desenvolver e utilizar o seu pleno potencial espiritual, mental e social.

A **Martin Claret** está empenhada em contribuir para a difusão da educação e da cultura, por meio do livro popular, usando todos os canais ortodoxos e heterodoxos de comercialização.

A **Martin Claret**, em sua missão empresarial, acredita na verdadeira função do livro: o livro muda as pessoas.

A **Martin Claret**, em sua vocação educacional, deseja, por meio do livro, claretizar, otimizar e iluminar a vida das pessoas.

Revolucione-se: leia mais para ser mais!

MARTIN CLARET

Coleção Pensamentos e Textos de Sabedoria

A ESSÊNCIA DA

Intuição

A Essência da Sabedoria dos Grandes Gênios de Todos os Tempos

MARTIN CLARET

Créditos

Idealização e Realização
Martin Claret

Capa
Dama com Unicórnio,
Rafael
(Ver pág. 125)

Miolo
Revisão
Rosana Citino

Direção de Arte
José Duarte T. de Castro

Digitação
Conceição A. Gatti Leonardo

Editoração Eletrônica
Editora Martin Claret

Fotolitos da Capa
OESP

Papel
Off-Set, 70g/m²

Impressão e Acabamento
Paulus Gráfica

Editora Martin Claret
R. Alegrete, 62 – Bairro Sumaré – São Paulo-SP
CEP 01254-010 - Tel.: (11) 3672-8144 – Fax: (11) 3673-7146
www.martinclaret.com.br

Agradecemos a todos os nossos amigos e colaboradores — pessoas físicas e jurídicas — que deram as condições para que fosse possível a publicação deste livro.

Este livro foi impresso no inverno de 2003.

Seja profeta de si mesmo

Martin Claret

"A função derradeira das profecias não é a de predizer o futuro, mas a de construí-lo."

Somos criaturas programáveis

Caro leitor: não é por acaso que você está lendo este livro-clipping. *Nada acontece por acaso. Tudo acontece por uma causa.*

Possivelmente a causa de você o estar lendo seja a sua vontade de obter mais informações ou expandir a sua consciência. A causa, também, pode ser a força da minha mentalização.

Cientistas, antropólogos, psicólogos e educadores têm afirmado que o ser humano é uma criatura culturalmente programada e programável.

Eis aí uma grande verdade.

Seu *hardware* e seu *software*

Nosso cérebro e nosso sistema nervoso — o nosso hardware *(a máquina) — é mais ou menos igual em todas as pessoas. A grande diferença que faz a diferença é o que está gravado ou programado no cérebro, isto é, o nosso* software *(o programa).*

Explicando de uma maneira extremamente simplificada, você tem três tipos de programação: 1ª- a programação genética (o instinto); 2ª- a programação sóciocultural (família, amigos, escola, trabalho, líderes espirituais e políticos, livros, cinema, TVs, etc.); 3ª- a autoprogramação ou a programação feita por você em você mesmo.

Na primeira programação você não tem nenhum controle; na segunda, tem controle parcial; e na terceira programação você tem controle total.

É fundamental que você saiba, conscientemente, controlar o terceiro tipo de programação, ou seja, a autoprogramação.

Um método de autoprogramação humana

*Todos os livros-*clippings *da coleção* Pensamentos de Sabedoria *foram construídos para conduzir você a se autoprogramar para um estado de ser positivo, realístico e eficiente.*

Depois de longa pesquisa e vivência — análise e intuição — concluí que há, e sempre houve, um método simples e seguro de autoprogramação.

As informações adquiridas através da leitura de "historinhas", parábolas, fábulas, metáforas, aforismos, máximas, pensamentos etc., podem, eventualmente, atingir seu subconsciente sem passar pelo crivo do consciente analítico e bloqueador. Esta prática permite, sem grande esforço, implantar em seu sistema automático perseguidor de objetivos uma programação incrivelmente podero-

sa e geradora de ação.

Sabemos — o grande objetivo da educação não é apenas o saber, *mas a* ação.

Um dos maiores Mestres de nosso tempo e um gênio na Arte de Viver, formalizou com incrível simplicidade este princípio quando ensinou: "Pedi e vos será dado; buscai e achareis; batei e vos será aberto. Pois todo o que pede, recebe; o que busca, acha; e ao que bate, se abrirá."

Hoje, em plena era da informática, com a conseqüente revolução da comunicação, estamos compreendendo esses eficientes recursos que temos inerentemente dentro de nós.

Um livro "vivo" e motivador

A coleção Pensamentos de Sabedoria *foi idealizada e construída para nos programar (autoprogramar) para a plenitude da vida. São 72 volumes de 112/128 páginas, no formato de bolso 11,5 x 18 cm com textos essencializados, de alta qualidade gráfica, periodicidade mensal, baixo custo e distribuição em nível nacional.*

Este livro começa onde o leitor o abrir. Ele não tem início nem fim. Pode continuar na nossa imaginação.

A essência da sabedoria dos grandes mestres espirituais, líderes políticos, educadores, filósofos, cientistas e empreendedores está aqui reunida de uma maneira compacta e didaticamente apresentada.

Buscamos a popularização do livro.

A foto e o pequeno perfil biográfico do autor de cada pensamento têm a função de facilitar a visualização do leitor. As "historinhas", ou "cápsulas" de informação, estão apresentadas com extrema concisão. As principais emoções e os mais importantes assuntos do conhecimento humano estão presentes nos 72 volumes. Cada título da coleção Pensamentos de Sabedoria *é um livro "vivo", motivador e transformador. Oferecemos o livroterapia.*

Uma paixão invencível

Minha permanente paixão cultural (já o disse em outros trabalhos) é ajudar as pessoas a se auto-ajudarem. Acredito ser esta minha principal vocação e missão. Quero "claretizar" as pessoas, ou seja, orientá-las no sentido de que vivam plenamente e tenham uma visão univérsica do mundo. Que sejam e que vivam harmonizadamente polarizadas.

Você tem o poder de genializar-se.

Este é o meu convite e o meu desafio lançado a você, leitor. Participe do "Projeto Sabedoria" e seja uma pessoa cosmo-pensada e auto-realizada.

"Pensar que É faz realmente SER".

Leitor amigo: vamos, juntos, construir uma poderosa força sinérgica para o nosso desenvolvimento pessoal e para o desenvolvimento de todas as pessoas de boa vontade.

Comece rompendo seus limites, modelando os grandes gênios. Visualize-se como já sendo "um vencedor do mundo".

Seja profeta de si mesmo.

SUELY BRAZ COSTA - Empresária mineira da cidade de Uberaba, é graduada em Letras e durante muitos anos lecionou Português e Literatura. Atuou, também, como assessora de assuntos educacionais da Faculdade de Medicina do Triângulo Mineiro. Atualmente é Diretora de Vendas da Zebu Ecológica e presta consultoria de marketing. Em 1992, foi eleita a Empresária do Ano. É autora, entre outros, dos livros *De Bóia-fria a Empresário Internacional* e *Administração Holística — A Intuição como Diferencial*, sobre os quais profere palestras pelo Brasil. Tem em preparo as obras *Universidade & Empresa* e *O Chique é Ser Competente.*

“Intuição é a capacidade de tomar boas decisões com base em dados incompletos. Extrapola os cinco sentidos.”

O que é intuição

Milton Fisher

Intuição é saber algo sem se estar cônscio disso. É um conhecimento que parece chegar até nós sem sabermos de onde provém; uma percepção súbita, um *insight* sem uma evidência lógica. Esse conhecimento não pode ser registrado, mas é real — desde a sombra indefinida de uma sensação até o clarão da compreensão!

O sistema intuitivo funciona como uma rede de percepção que recolhe e processa informação não-verbal e que por isso mesmo não faz parte do conhecimento consciente. Quando alguma faceta desse "conhecimento" torna-se consciente, tem-se o fenômeno da intuição.

Para muitas pessoas, essa "não-responsabilidade" ou falta de evidência concreta para tal tipo de conhecimento depõe contra o conhecimento intuitivo. Elas têm medo de confiar na intuição; por isso a rejeitam, não acreditam nela ou mesmo a ignoram.

Isso é um erro terrível, pois o sistema intuitivo faz parte do arsenal básico do homem para a sua sobrevivência. Remonta a um tempo anterior à aquisição da linguagem pelo homem. Sem a linguagem, o raciocínio indutivo ou dedutivo fica muito limitado.

O homem primitivo tinha única e exclusivamente seus sentidos e sua mente intuitiva não-verbal para alertá-lo em caso de perigo. Esse sistema intuitivo permanece como uma força residual em todos nós.

Possuímos dois sistemas diferentes de percepção: o consciente e o intuitivo. Cada um deles grava, "pensa", sente e lembra-se de coisas, cada qual à sua maneira. A memória consciente é capaz de verbalizar aquilo que experimenta, apreende, e essa verbalização é um tipo de *feedback* que nos dá segurança e confiança. O sistema intuitivo não é verbal. Imaginemos duas câmeras fotográficas funcionando ao mesmo tempo. Cada câmera registra detalhes específicos da mesma cena. A câmera *percepção consciente* registra os sinais recebidos pelos cinco sentidos — visão, audição, olfato, tato, paladar. Estes são imediatamente colocados em seqüências "lógicas" e processados pela memória consciente. A câmera *percepção* intuitiva recolhe outra série de sinais dos mesmos sentidos e os processa, organiza e arquiva. Porém, não revela o filme até o estágio da consciência. A informação é guardada para uso, para desenvolver-se no nível consciente mais tarde.

O sistema de percepção intuitiva é tão eficiente que recebe milhões de informações, ignorando por completo a mente consciente ou lógica. As informações são armazenadas sem interrupção, durante toda nossa vida. Como resultado, acumulamos um vasto arsenal de conhecimento inconsciente, informação que usamos sem ter muita consciência disso. Na verdade, a intuição afeta muito o que pensamos e fazemos. A mente intuitiva nunca adormece. Como um cuidadoso participante de seu time de sobrevivência do alto comando psíquico e mental está sempre tentando, através de símbolos, sonhos e sentimentos, trazer à tona toda essa informação armazenada. Mas eis que é sempre rejeitado, ignorado ou ridicularizado! Isso nos é prejudicial e frustra nossa capacidade de realização e sucesso.

Trazer a informação intuitiva até nossa mente consciente é como uma centelha que irrompe entre dois condutores. A fim de abrir essa fonte recheada de informações intuitivas que possuímos, precisamos aprender a fazer uma ponte entre os sistemas de conhecimento consciente e intuitivo.

É a intuição de fato um sexto sentido? Não conheço nenhum estudo que foi capaz de provar isso. Minha pesquisa para este livro incluiu milhares de entrevistas com pessoas de todos os níveis sociais, durante vários anos. As entrevistas revelaram uma crença quase universal de que a intuição é uma forma de PES (percepção extra-sensorial). A percepção extra-sensorial é um conhecimento auto-adquirido por alguma fonte que não se situa entre os cinco sentidos.

(In: *Intuição - Estratégias e exercícios para auxiliar na tomada de decisões,* Milton Fisher, Nobel, São Paulo, 1989.)

ALBERT EINSTEIN - Cientista, filósofo e humanista, nascido em Ulm, no sul da Alemanha. Considerado um dos grandes gênios do século XX. Em 1915, apresentou a revolucionária descoberta da Teoria Geral da Relatividade. Em 1921, recebeu o prêmio Nobel de Física. Escreveu vários livros sobre ciência e filosofia. Viveu em Princeton (USA), onde foi professor. (1879 - 1955).

“

Não existe nenhum caminho lógico para a descoberta das leis elementares do Universo — o único caminho é o da intuição.

”

Como aprimorar a intuição

Sheila Ostrander e Lynn Schroeder
com Nancy Ostrander

Preste atenção nela. A intuição é uma capacidade humana e você a possui. Em certo sentido, ao usar e fortalecer esta parte de sua mente, você fortalece a integridade de sua natureza com o ser humano. Examine seus sentimentos e idéias sobre a ação intuitiva. Você acredita de verdade na sua intuição? Se apenas em algumas coisas, por que não em outras? Que tipo de sugestões culturais sobre a intuição lhe foram impingidas? Recolha-as e faça uma lista. Quando encontrar sugestões negativas, procure eliminá-las. Se necessário, utilize resoluções de neutralização. Finalmente, procure lembrar de uma vez em que a intuição funcionou a seu favor. Como foi que a sentiu?

Quando estiver com os pensamentos e sentimentos em ordem, comece a experimentar a intuição em pequenas coisas. Faça jogos consigo mesmo. Por exemplo, adivinhe o melhor caminho para casa na hora do *rush* ou a melhor esquina para apanhar um táxi. Use-a para achar uma vaga para o carro. Pode adivinhar a cor do carro perto do qual você vai parar? Se estiver esperando em uma fila para diversos elevadores, adivinhe qual vai chegar no térreo primeiro. E quanto à previsão do tempo, acha mesmo que deve mudar seus planos por causa do serviço de meteorologia que previu tempestade, ou tem a sensação de que não vai acontecer? Confiar na intuição para assuntos relativamente de pouca importância faz com que você se acostume a atingir esta parte de sua mente.

Quando sentir que sua intuição já está fluindo, determine de que maneira ela funciona para você. Sente alguma coisa em qualquer parte do corpo, vê imagens mentais ou vozes, ocorre durante a noite? Ou seus palpites funcionam sempre ao contrário? Certas pessoas quase sempre viram à esquerda quando deveriam virar à direita. Você pode usar essa intuição invertida, se souber como ela funciona.

Dê-se conta daquilo que interrompe seu pensamento intuitivo. Os Drs. Mihalasky e Dean descobriram que o excesso de tensão — dor, exaustão, crise emocional — tendem a desviá-lo. Você pode aliviar a tensão pelo método autogênico ou outros exercícios de relaxamento. Depois de testar milhares de pessoas, os pesquisadores de New Jersey também descobriram uma peculiaridade curiosa e não explicada. O fato de a pessoa ser minoria esmagadora em um grupo leva à eliminação da capacidade intuitiva *naquele grupo*.

A pesquisa básica do Dr. Manfred Clynes fornece outras pistas para aprimorar a intuição. Clynes, considerado um dos intelectos multidisciplinares mais criativos e agudos da ciência atual, fala em atingir um estado específico que nos permite ser "captores" de novas idéias. Não temos consciência de quanto trabalho é executado sob a superficie quando estamos neste estado. Idéias novas e criativas aparecem como um todo. Depois que chegam, podemos usar nossas faculdades conscientes para testá-las. Porém, avisa Clynes, não devemos rejeitar as idéias antes de nascerem. A rejeição ocorre quando não fornecemos a nós mesmos o estado adequado para seu nascimento.

Em termos psicológicos, tal condição é de abertura, prontidão na espera e, mais do que tudo, confiança. Não deve haver medo, e a pessoa precisa sentir verdadeiramente que as idéias que virão serão boas, valiosas e dignas de serem guardadas como um tesouro. Em termos físicos, Clynes descobriu que quando as pessoas estão neste estado aberto e criativo, "a cabeça tende a ser ligeiramente impulsionada para a direita e para cima, o corpo fica leve, e tem-se uma sensação característica de pressão expandindo-se na testa, entre as têmporas. A inspiração do ar é lenta e constante, enquanto a expiração é rápida". Este é um estado programado geneticamente, descobriu Clynes. E, segundo ele, desde que conscientemente reconhecido, pode ser aprendido e cultivado.

(In: *Super-Aprendizagem pela Sugestologia,* Sheila Ostrander e Lynn Schroeder com Nancy Ostrander, Record, Rio de Janeiro, 1980.)

SÓCRATES - Chamado "mestre da Grécia", é considerado um dos grandes pensadores de todos os tempos. Sócrates era cidadão ateniense, nascido no subúrbio de Alopeke. Seu estilo de ensino, a maiêutica, pressupõe que o conhecimento já está no homem. Não deixou nada escrito. O que se sabe sobre ele foi contado por seus discípulos, principalmente Platão e Xenofonte. Acusado de corromper a juventude com suas teorias filosóficas, foi condenado à morte, sendo obrigado a ingerir o veneno cicuta. (470/469 - 399 a.C.)

"A alma e a inteligência são Deus dentro de nós."

Intuição

Nova Enciclopédia Barsa

Vulgarmente entendida como contrária à razão, a intuição é, porém, não oposta, mas complementar a ela. Muitos cientistas admitem valer-se da intuição para orientar sua pesquisa.

Em filosofia, intuição é o poder de adquirir conhecimento que não poderia ser obtido por inferência ou observação, por meio da razão ou da experiência. Assim, é fonte original e independente de conhecimento. Aplica-se especialmente ao conhecimento de verdades essenciais e de princípios morais.

Algumas verdades essenciais — por exemplo, premissas de lógica ou matemática — podem ser inferidas, ou logicamente derivadas, de outras. Nem todas as premissas, no entanto, podem ser obtidas por esses procedimentos. Algumas delas, como os axiomas, não são inferidas absolutamente. Além disso, o fato de algumas premissas derivarem de axiomas pressupõe a existência de regras de inferência. A verdade dos axiomas e a validade das regras básicas de inferência não podem ser estabelecidas por inferência — já que a própria inferência os tem como pressupostos — ou por observação — que nunca pode estabelecer verdades essenciais. Portanto, eles só podem ser interpretados como objetos da intuição.

A auto-evidência é um sinal de intuição. "Ver" que uma declaração provém de outra, ou que determinada inferência é válida, permite fazer uma "indução intuitiva" da validade de todas as inferências de mesmo tipo. Outras verdades essenciais não formais (por exemplo, "nada pode ser ao mesmo tempo totalmente vermelho e totalmente verde") também são explicadas como deduções intuitivas: pode-se encontrar uma relação universal e essencial numa determinada instância particular.

Muitos filósofos sustentam que as premissas morais registram um conhecimento especial. A moralidade ou não dos atos humanos se determina por uma faculdade moral especial, análoga ao poder de observação ou ao poder de intuir princípios lógicos. Essa teoria, como também a que sustenta que os princípios lógicos são resultantes da intuição, baseia-se no caráter auto-evidente e indiscutível das asserções a que se refere. Pode-se contestar essas duas teorias com o argumento segundo o qual os axiomas da lógica e da moralidade não exigem, para sua interpretação, uma fonte especial de conhecimento, já que nenhum deles decorre de descobertas. A origem deles são resoluções ou convenções adotadas para o discurso e conduta, e não fatos sobre a natureza do mundo ou do homem.

A intuição pode ainda ser tomada em dois outros sentidos clássicos. Para o pensamento fundado na filosofia de Kant, a intuição é entendida como condição de possibilidade do conhecimento sensível. Para Spinoza e Bergson, a intuição proporciona o conhecimento do mundo como um todo concreto inter-relacionado, em oposição ao conhecimento científico e à simples observação, cuja apreensão do mundo é gradual e abstrata.

(In: *Nova Enciclopédia Barsa,* Encyclopaedia Britannica do Brasil Publicações, Volume 8, São Paulo, 1997.)

A clássica definição da intuição

Denomina-se intuição
a visão direta e imediata
de uma coisa ou a
compreensão direta e imediata
de uma verdade.
Tradicionalmente, a intuição é
oposta ao raciocínio discursivo,
pois enquanto este transita
através de etapas intermediárias
até chegar a suas conclusões,
a intuição seria uma
apreensão direta do objeto
pelo sujeito.

(In: *Enciclopédia Abril,* Vol. 7, p. 2598.)

"O que você vê, você se torna"

Dr. Deepak Chopra

Quando pressionados a dizer a verdade maior, os videntes védicos emitiam duas palavras que deixam de ponta-cabeça todas as nossas noções aceitas sobre a realidade: *Aham Brahmasmi*. Em tradução livre, seria: "Eu sou tudo, criado e não criado", ou, mais sucintamente: "Eu sou o universo".* Ser tudo, ou mesmo algo além dos limites do corpo físico, soa muito estranho aos ouvidos ocidentais. Conta-se uma história sobre uma dama inglesa que viajava pelo norte da Índia e foi levada às cavernas ao longo do Ganges, onde os *yoguis* se entregavam à meditação profunda. Ela foi recebida por um deles com grande amabilidade. No final da visita, disse-lhe:

— Pode ser que o senhor não saia com freqüência daqui, mas seria um prazer levá-lo para conhecer Londres.

— Madame — respondeu o *yogui* com toda a tranqüilidade —, eu *sou* Londres.

Em suas parábolas, os rishis demonstravam grande talento para enganar o intelecto. Uma das

* O sânscrito diz literalmente "Eu sou Brahman". Brahman é um termo de grande abrangência e, portanto, intraduzível, ele significa todas as coisas na criação — mentais, físicas e espirituais —, bem como sua fonte não criada.

mais famosas é sobre um jovem chamado Svetaketu, que saiu de sua casa para estudar os Vedas. Na antiga Índia, isso significava morar com os sacerdotes e decorar longas passagens dos textos sagrados. O rapaz fica fora de casa por doze anos. Quando finalmente retorna, está todo orgulhoso dos conhecimentos que adquiriu. Seu pai, um tanto aborrecido, mas achando graça, decide acabar com aquela pose. Eis um trecho do diálogo que se segue:

— Vá apanhar um fruto daquela figueira-brava — diz o pai de Svetaketu.

— Aqui está, senhor.

— Abra-o ao meio e diga-me o que está vendo dentro dele.

— Muitas sementinhas, senhor.

— Pegue uma delas, abra-a ao meio e diga-me o que vê dentro.

— Nada, senhor.

Então, o pai disse:

— A mais sutil essência dessa fruta é nada para você, meu filho, mas, acredite-me, desse nada surgiu esta enorme figueira-brava.

E acrescentou:

— Aquele Ser, que é a essência mais sutil de tudo, a suprema realidade, a alma de tudo o que existe, Aquele é você, Svetaketu.

Na verdade, essa é uma história muito quântica. O universo, como a enorme figueira-brava, surge de uma semente que nada contém. Sem uma metáfora como a da semente e a árvore, nossa mente não tem como captar o que é um nada assim, *uma vez que ele é menor do que o conceito "menor"*, e mais antigo do que o Big Bang. O mistério mais profundo do conto é que o próprio Svetaketu é feito dessa mesma essência inimaginável, que tudo permeia. Para descobrir o que o pai de Svetaketu quis dizer, devemos explorar o sentido de percepção, que é a base da sabedoria dos rishis.

"Eu sou tudo" implica uma capacidade de transcender o fluxo normal do tempo e os limites normais do espaço. A despeito de seu brilho intuitivo, Einstein não saiu do rio do tempo, exceto mentalmente. Ele afirmou que teve experiência de auto-expansão onde não havia "nem evolução nem destino, só Ser", mas esses episódios não entravam diretamente em seu trabalho científico. Como todos os físicos, Einstein mantinha-se fiel ao método objetivo e escrupulosamente excluía sua própria consciência de suas teorias. Sua procura por um campo unificado que abrangeria todo o tempo e espaço foi um empreendimento puramente matemático.

Para os rishis, essa é a atitude que torna a física incompleta. Não somos meros espectadores espreitando o campo unificado — diziam —, nós *somos* o campo unificado. Cada pessoa é um ser infinito, não limitada pelo tempo e espaço. Para atingirmos além do corpo físico, precisamos ampliar a influência da inteligência. Mesmo quando estamos tranqüilamente sentados, cada um de nossos pensamentos cria uma onda no campo unificado. Ela ondula através de todas as camadas de ego, intelecto, mente, sentidos e matéria, propagando-se em círculos cada vez maiores. Somos como uma luz que irradia não fótons, mas consciência.

(In: *A Cura Quântica - O Poder da Mente e da Consciência na Busca da Saúde Integral,* Dr. Deepak Chopra, Editora Best Seller, São Paulo, 1991.)

CLARICE LISPECTOR - Escritora brasileira, nasceu em Tchetchelnik, Ucrânia, e veio ao Brasil, junto com a família, aos dois meses de idade. Em busca de uma linguagem especial para expressar paixões e estados de alma, a escritora utilizou recursos técnicos modernos como a análise psicológica e o monólogo interior, numa linguagem simples, onde expressa uma visão pessoal e existencialista do dilema humano. Sua obra, densa e original, figura entre as mais importantes da narrativa literária brasileira. Destacam-se: *A Legião Estrangeira*, *Laços de Família*, *Água Viva* e *A Hora da Estrela*. (1925 - 1977).

"

Em todas as formas de arte, a inspiração tem um toque de magia, porque é uma coisa absoluta, inexplicável.

"

Como reconhecer um sinal intuitivo

Milton Fisher

Você recebe mensagens intuitivas todos os dias de sua existência. Como um gigantesco painel telefônico computadorizado, o cérebro processa milhões de mensagens por dia, porém, com nossa atividade frenética, fica difícil detectar os sinais intuitivos que passam através da percepção consciente. Entender o que está no meio do caminho é o primeiro passo para despertar esse recurso pessoal essencial.

Por que as mensagens intuitivas não nos alcançam

A intuição é expressa através de linguagem não-verbal

O lado direito do cérebro, para onde a informação intuitiva é dirigida, não usa um processo racional para chegar a conclusões. Sua compreensão é holística, sentida por sonhos, fantasias, estados de alma, *feelings*, devaneios, e ainda por imagens pessoais e símbolos. Mesmo quando se está cônscio desses sentimentos, tem-se a tendência de menosprezar seu significado. A linguagem da intuição precisa ser decodificada para ser entendida. Muito embora certas reações e sensações pareçam ser universais, cada pessoa tem seu idioma pessoal que é único e sem paralelos.

A mensagem intuitiva é obscura

Uma mensagem intuitiva tem de ser colocada dentro de um contexto. Os cinco sentidos são repórteres muito bem treinados, suas mensagens seguem diretamente para o cérebro, onde são imediatamente registradas, checadas e interpretadas. Por exemplo: temperatura baixa, a pele envia uma mensagem "de frio" e você abotoa seu casaco ou vai para dentro de casa, onde é mais aquecido. Por outro lado, a mensagem intuitiva é fragmentada como uma peça de um quebra-cabeça que precisa ser colocada na figura completa para ter sentido.

Geralmente não estamos esperando a mensagem

É muito mais fácil achar algo quando estamos procurando alguma outra coisa. Os cinco sentidos obtêm resultados porque estão "calibrados" em parte, prontos para receber sinais antecipados, como a fragrância de uma flor, o barulho de um motor, o gosto do limão, etc. Porém, essa prontidão para mensagens intuitivas não existe, pois fomos condicionados a suprimi-la. Desse modo, mesmo quando a intuição ressoa clara e forte, tentando enviar-lhe um sinal, você não vai "pescá-la", pois estará completamente fora do contexto de sua atividade consciente.

O sinal intuitivo é geralmente frágil e efêmero

A menos que uma emoção ou um sentimento sejam extremamente fortes, você tenderá a ignorá-los, como um pai ou uma mãe que só prestam atenção ao filho se ele faz muita bagunça. Gosto de pensar que a intuição é análoga aos sinais enviados pelo conde de Monte Cristo, que batia desesperadamente o sinal de SOS na parede de sua cela; era um som muito fraco, quase inaudível, mas que foi captado por um outro prisioneiro que pensou: "O que essas batidas podem significar?". Você pode obter mais informações intuitivas quando escutar sua voz interior com mais detalhes.

Não há evidência lógica para dar apoio à mensagem intuitiva no momento que você a recebe

O conhecimento intuitivo pode ser perturbador e não bem aceito pela mente consciente. Não se encaixa em um método lógico para a solução de problemas. A intuição é uma ameaça à maneira convencional de se adquirir informações. Fomos treinados a tratar com bastante suspeita qualquer informação que não seja baseada em evidência concreta. Temos o hábito de achar que o conhecimento intuitivo é sem importância e inconseqüente.

(In: *Intuição - Estratégias e exercícios para auxiliar na tomada de decisões*, Milton Fisher, Nobel, São Paulo, 1989.)

GALILEU GALILEI - Cientista, inventor, filósofo e matemático. Nasceu em Pisa, Itália. Estudioso dos fenômenos astronômicos, revolucionou as teorias até então existentes, defendendo a teoria de Copérnico de que o centro do sistema planetário era o Sol, e não a Terra. Em virtude de suas teorias, foi perseguido pela Inquisição. Escreveu várias obras sobre Astronomia e aperfeiçoou o telescópio. (1564 -1642).

"Não se pode ensinar nada a um homem; só é possível ajudá-lo a encontrar a coisa dentro de si."

Imagens mentais e intuição

Gerald Epstein, M.D.

O que quer dizer "imagens mentais"? De forma simplificada, trata-se do produto da mente ao lidar com figuras.

Existem várias maneiras de se pensar. O pensamento lógico nos é o mais familiar. Desde o século XVII, este tipo de pensamento ganhou precedência sobre os demais por ser a base da ciência. Entretanto, há outras formas de pensamento — formas não-lógicas, intuitivas — que coexistem com o pensamento lógico. Reflita sobre as vezes em que você teve um súbito *insight* — quando, de repente, você percebe um jeito novo de fazer algo, ou encontra a solução de um problema que parecia não ter resposta. Este tipo de pensamento é chamado de intuição. E, como disse corretamente o educador Caleb Gattegno, sem a intuição não seríamos capazes de pensar em nada novo.

Assim como a intuição, o pensamento em forma de imagens mentais é um tipo de pensamento não-lógico. O pensamento lógico e discursivo é utilizado para fazermos contato com as outras pessoas no cotidiano e com aquilo que pode ser chamado de realidade objetiva. As imagens mentais são um tipo de pensamento usado para fazermos contato com nossa realidade subjetiva interna. Minha experiência como um médico que pede aos seus pacientes que examinem suas vidas internas mostrou-me que esta estrutura de vida interna é formada por imagens.

A linguagem das imagens é experimentada com maior freqüência nos sonhos noturnos e nas divagações diurnas. Qualquer pessoa familiarizada com imagens mentais aprende quase que imediatamente que é tão fácil trabalhar com esta linguagem quanto com a linguagem falada. Na verdade, a habilidade de compreender e de se comunicar na linguagem das imagens provavelmente precede a habilidade de se comunicar com palavras. O processo de nos tornarmos conscientes da linguagem das imagens só requer, essencialmente, que voltemos nossa atenção a ela.

Como veremos a seguir, a característica mais fascinante do trabalho com imagens é a de que ele pode ser acompanhado por mudanças fisiológicas. Os efeitos físicos benéficos das imagens mentais não seriam surpreendentes se estivéssemos acostumados a pensar nos aspectos mental e físico como os dois lados de um espelho ao qual chamamos de *corpo*. No entanto, durante trezentos anos a medicina ocidental tem separado o corpo da mente. É surpreendente saber que, na história do mundo, nenhum outro sistema médico, incluindo a medicina ocidental anterior ao século XVII, faz esta distinção.

Hoje em dia, a medicina ocidental começou a explorar as conexões entre a mente e o corpo. A medicina comportamentalista e a psiconeuroimunologia são dois exemplos deste esforço. Muitos estudos de hipnose têm demonstrado mais diretamente o impacto do mental no físico. Pesquisadores descobriram, por exemplo, que indivíduos sob hipnose podem se auto-administrar veneno ou se recusar a tomá-lo; podem induzir queimaduras e remover verrugas.

Embora a medicina ocidental (e a ciência ocidental) relute em aceitar o fato de que a mente pode alterar o corpo, ela já acredita firmemente no inverso — que o físico pode afetar o mental — e utiliza regularmente esta conexão. Os tranqüilizantes, antidepressivos e anestésicos são todos exemplos disso. Uma vez sendo óbvio que o corpo pode afetar a mente, será que não seria lógico pensar que a utilização do poder mental, tal como a vontade ou as imagens mentais, pode afetar o corpo?

Minha experiência clínica dos últimos quinze anos dá um testemunho não só do efeito da mente sobre o corpo mas também do poder das imagens mentais na ajuda à cura do corpo. Tenho visto esse poder funcionar em uma grande variedade de males e distúrbios físicos. Entre as doenças nas quais tenho sido bem-sucedido em ajudar meus pacientes a tratar com imagens mentais estão a artrite reumatóide, aumento da próstata, cisto ovariano, carcinoma inflamatório na mama, erupções cutâneas, hemorróidas e conjuntivite. Um amigo meu fez uso das imagens mentais para se curar de câncer no fígado. Os médicos lhe disseram, em 1982, que havia pouca esperança para seu caso, mesmo submetendo-se ao tratamento de quimioterapia prescrito. Ele decidiu usar técnicas de imagens junto à quimioterapia por dois anos e, depois de 1984, suspendeu a quimioterapia, mas continuou com seu trabalho de imagens. Hoje ele ainda é o único sobrevivente conhecido deste tipo de condição registrado no Sloan Kettering Memorial Cancer Center, em Nova York.

(In: *Imagens que Curam — Guia completo para a Terapia pela Imagem,* Gerald Epstein, M.D., Xenon Editora, Rio de Janeiro, 1990.)

ROUSSEAU (Jean-Jacques) - Filósofo, escritor e professor de teoria musical. Filho de franceses, mas nascido em Genebra, na Suíça. Segundo consta, o malogro das experiências afetivas levou o pensador a se refugiar entre os livros e a viajar constantemente. Escreveu muitos livros. Sua obra de teoria política *O Contrato Social*, e a obra pedagógica *Emílio*, publicadas em 1762, foram consideradas ofensivas às autoridades e causaram-lhe grande problema. Rousseau teve que sair da França, disfarçado, e procurar refúgio na Prússia, onde ficou algum tempo. (1712 - 1778).

“A consciência é a voz da alma; as paixões são as vozes do corpo.”

Utilização da intuição

Sheila Ostrander e Lynn Schroeder
com Nancy Ostrander

A receita para tomar decisões intuitivas e resolver problemas não é dada pela experimentação em laboratório. Mas alguns indicadores podem ser extraídos das pessoas bem-sucedidas que fizeram da intuição um sócio de seus negócios. A técnica que se segue funcionou para muitas delas.

Reúna toda a informação possível sobre o seu problema. Desenterre dados, mergulhe na informação, misture tudo em sua mente, e esqueça. Faça os exercícios de relaxamento e depois uma viagem mental a algum lugar agradável ao ar livre. Imagine a si mesmo espreguiçando-se, observando as nuvens lentamente se formando e dissolvendo. Às vezes, a solução vai aparecer de repente enquanto você estiver ali deitado, mas não se preocupe se isto não acontecer. O mais importante nesta técnica é provocar um curto no circuito da mente racional e deixar o problema descansar. Muitas pessoas se acham capazes de gerar uma resposta com mais facilidade quando desviam a atenção para outra coisa. O palpite amadurecido, a solução intuitiva tende a saltar nas horas mais improváveis, quando você se serve de sopa ou salta do ônibus.

Uma outra abordagem, se você estiver habituado a meditar, é a sugestão de Jack Schwarz. Coloque seu problema antes de iniciar a meditação, então você mesmo vai se dirigir para a solução, em vez de ficar atrás dela. Se o problema já existe, também existe o outro lado da moeda — a solução.

A idéia de personificar e manter um diálogo com o "conhecer" há muito vem sendo usada em cursos de motivação para os negócios, principalmente por mentores do sucesso como Napoleon Hill e W. Clement Stone. Andrew Carnegie encarregou Hill de encontrar e tornar acessíveis ao público métodos práticos, terra a terra, para se ter uma vida bem-sucedida. Como era de se imaginar, aprender a utilizar todas as reservas da mente era um desses métodos.

Hill conta que telefonou para o professor, cientista e inventor, Dr. Elmer Gates. Sua secretária disse a Hill que Gates estava ocupado e que ela, sinceramente, não sabia dizer por quanto tempo ficaria — uns minutos, ou umas horas. Disse que ele estava "esperando uma resposta". Mais tarde, Gates explicou a Hill que, sempre que precisava tomar uma decisão difícil ou ter a resposta para um problema, ele se fechava em um quarto escuro, à prova de som, sentava-se, limpava a mente e a focalizava em um único ponto. Esperava então que a resposta aparecesse. Não perguntava, pensava nem calculava. Mais cedo ou mais tarde a resposta aparecia. Aí ele acendia a luz e a escrevia.

— De onde vêm essas respostas? — perguntou Hill.

— De três fontes — respondeu Gates. — Primeiro de minha própria experiência e conhecimento acumulados; segundo, do conhecimento dos outros recolhido telepaticamente e, finalmente, do grande depósito universal da Inteligência Infinita... que pode ser contatada através da parte subconsciente da mente.

O Dr. Gates detinha inúmeras patentes. Mais de duzentas delas eram invenções iniciadas por outros que desistiram por não poder resolver um ponto crucial. Gates fazia frutificar seus conceitos usando a técnica intuitiva de "esperar pela resposta".

Al Pollard, consultor de empresas em Arkansas, e antigo presidente da Junta da Reserva Federal do Oitavo Distrito, é bem conhecido por seus seminários de administração. Na parte de resolução de problemas, ele ressalta que a pessoa deve saber realmente qual é o problema. Muitas vezes não é o que julgamos ser. Para descobrir, Pollard aconselha que se pergunte ao subconsciente. Quando estiver em estado de meditação e relaxamento, pense: "Eu *gostaria de saber* qual é o problema." A palavra-chave para Pollard, *gostaria de saber* é "que provoca uma reação em cadeia para fazer funcionar nossos processos intuitivos". Se a intuição for desencadeada, faça uma lista dos pensamentos que aparecem. Pollard também ajuda altos executivos a usarem a intuição em uma direção diferente. "Tentamos indagar ao futuro e trazer as respostas, com a consciência de que no núcleo da mente não existe tempo nem distância."

(...)

A intuição pode auxiliá-lo a conceber um projeto, tomar decisões, resolver problemas e também alertá-lo para os erros que aparecem no meio do caminho. Especialistas em tomada de decisões não têm medo de errar às vezes, eles sabem que isso vai acontecer. Mas procuram usar todas as reservas de suas mentes para tomar mais decisões boas do que más. John E. Fetzer, proprietário da Detroit Tigers e presidente da Fetzer Broadcasting Company, é outro executivo que fala da influência da PES e da intuição em sua vida profissional.

"O sucesso é uma coisa com que eu sempre contei", disse ele aos editores do *New Realities*. "E diria que é porque acredito na intuição a ponto de não tomar tantas decisões erradas que prejudiquem um ritmo bem-sucedido."

(In: *Super-Aprendizagem pela Sugestologia*, Sheila Ostrander e Lynn Schroeder com Nancy Ostrander, Record, Rio de Janeiro, 1980.)

O verbete *intuição*, segundo o Novo Dicionário da Língua Portuguesa

Aurélio Buarque de Holanda Ferreira

Intuição (u-i). [De intuir + ção.] S. f.

1. Ato de ver, perceber, discernir; percepção clara ou imediata; discernimento: Não tem intuição nem para as coisas mais simples.

2. Ato ou capacidade de pressentir, pressentimento: Tenho a intuição de que vai chover hoje; mil coisas que ela não percebia, mas começava a adivinhar na sua intuição subtil de mulher já namorada." (Conde de Ficalho, *Uma Eleição Perdida*, p. 65).

3. Filos. Contemplação pela qual se atinge em toda a sua plenitude uma verdade de ordem diversa daquelas que se atingem por meio da razão ou do conhecimento discursivo ou analítico

4. Filos. Apreensão direta, imediata e atual de um objeto na sua realidade individual.

Conhecimento e intuição

Carl Sagan

Os seres humanos e outros animais possuem capacidades cognitivas e perceptivas de grande número de dados altamente complexos, que simplesmente ultrapassam a consciência verbal e analítica que tantos de nós consideramos ser tudo o que há de nós. Essa outra espécie de conhecimento, nossas percepções e cognições não-verbais, é freqüentemente considerada "intuitiva". A palavra não significa "inata". Ninguém nasce com um repertório de fisionomias implantadas no cérebro. A palavra transmite, creio eu, um difuso mal-estar por nossa incapacidade de compreender como chegamos a tal conhecimento. Mas o conhecimento intuitivo tem uma história evolutiva extremamente longa; se considerarmos a informação contida no material genético, ele remonta à origem da vida. O outro de nossos dois modos de conhecimento — aquele que no Ocidente expressa irritação acerca da existência do conhecimento intuitivo — representa uma aquisição evolutiva bastante recente. O pensamento racional, que é inteiramente verbal (com frases completas, por exemplo), tem provavelmente algumas dezenas ou centenas de milhares de anos. Existem pessoas que em suas vidas conscientes são inteiramente racionais, e muitas são quase totalmente intuitivas. Cada um dos grupos, com muito pouca compreensão do valor recíproco dessas duas espécies de capacidade cognitiva, ridiculariza o outro: "confuso" e "amoral" são adjetivos típicos usados nas discussões mais educadas. Por que devemos ter duas formas diferentes de pensar definidas e complementares que se integram tão mal uma na outra?

O primeiro indício de que essas duas formas de pensar se localizam no córtex cerebral provém do estudo de lesões cerebrais. Traumatismos ou acidentes vasculares no lobo temporal ou parietal do hemisfério esquerdo do neocórtex provocam caracteristicamente prejuízo da capacidade de ler, escrever, falar e fazer cálculos aritméticos. Lesões equivalentes no hemisfério direito acarretam prejuízo da visão tridimensional, reconhecimento do modelo, capacidade musical e raciocínio holístico. O reconhecimento fisionômico reside mais no hemisfério direito, e aqueles que "jamais esquecem uma cara" efetuam o padrão de reconhecimento no lado direito. Lesões no lobo parietal direito, realmente, resultam às vezes na incapacidade de o paciente reconhecer o próprio rosto no espelho ou em uma fotografia. Essas observações sugerem fortemente que aquelas funções que descrevemos como "racionais" localizam-se principalmente no hemisfério esquerdo, e aquelas que consideramos "intuitivas", sobretudo no direito.

(In: *Os Dragões do Éden*, Carl Sagan, Círculo do Livro, São Paulo, 1982.)

MARCEL PROUST - Escritor francês, nascido em Auteil, subúrbio rural de Paris. O pai de Proust era professor da Escola de Medicina de Paris e figura proeminente do corpo médico francês. Proust, entretanto, não seguiu a carreira do pai. Estudou Ciências Políticas e Direito na Sorbonne. Sua obra-prima, *A La Recherche du Temps Perdu (Em Busca do Tempo Perdido)*, embora seja uma obra contínua (um só livro) é composta de 7 volumes. Em parte ficção e em parte autobiografia, é considerada uma epopéia e um dos melhores romances do século XX. (1871- 1922).

"O instinto leva-nos à ação, a inteligência nos paralisa."

Intuição e criatividade

Dr. Walter Doyle Staples

O oitavo fator-chave de sucesso (FCS) é a criatividade. *Você precisa pensar em criatividade, se quiser pensar como um vencedor!* Como notou o historiador americano James Harvey Robinson (1863-1936), "A inteligência criativa, em suas várias formas e atividades, é que fez o homem". Olhe ao seu redor. Todos os objetos que vê são o resultado do trabalho de algum ser humano criativo. Na realidade, você não está olhando para "coisas", mas para pensamentos manifestados em forma física. Foi um pensamento que criou a poltrona na qual você se senta, a caneta com a qual escreve e a luz que permite que você leia.

Voe sobre qualquer grande cidade e você ficará maravilhado com as muitas criações do pensamento humano — os edifícios, estádios, vias expressas, pontes e parques. Todos começaram com uma idéia. São pessoas com idéias, sonhos e visão que criam aquilo que você tem. O mundo é governado totalmente por pensamentos. Tudo aquilo que você percebe externamente é o resultado daquilo que foi pensado internamente. Você é o que você pensa. Você desfruta daquilo que o pensamento humano criou.

A criatividade é uma capacidade que recebemos ao nascer. Albert Einstein (1879-1955), famoso por ter desenvolvido a teoria da relatividade, acredita que toda criança nasce um gênio. Quando as crianças são testadas entre as idades de dois e quatro anos, normalmente 95% delas são consideradas criativas. Quando são testadas mais tarde, aos 7 anos, somente 5% ainda são consideradas altamente criativas. O que acontece? Em seu criterioso livro *Self-Renewal*, John W. Gardner sugere que a culpada é a pressão da sociedade pela conformidade.

Já vimos que muitas crianças que naturalmente buscam amor e afeição e tentam evitar críticas, são levadas a temer o fracasso e a rejeição. Elas são forçadas, através de meios sutis e outros meios não tão sutis, a se conformar aos desejos e padrões adultos e a se comportar de maneira não-criativa. Dizem a elas o que fazer, quando e como. Com freqüência elas não são encorajadas a fazer perguntas, a explorar novas avenidas ou a satisfazer sua curiosidade natural. Elas são recompensadas pela conformidade com as normas e pela submissão às regras, uma espécie de capitulação desumanizadora. No processo, elas perdem sua espontaneidade e sua identidade como pensadoras independentes.

Mais tarde, muitos adultos manifestam essa programação precoce através de um modo de pensar rígido e de atitudes fixas. As pessoas que tiveram cortada a sua criatividade tendem a ser inseguras, inflexíveis e sem imaginação. Elas vêem tudo em extremos: é certo ou errado, preto ou branco, relevante ou irrelevante. Elas são incapazes de se empenhar em qualquer pensamento original ou abordar um problema de forma criativa. Elas pensam sempre do mesmo modo e agarram-se ao *status quo*.

Felizmente, a criatividade não pode ser perdida. Ela somente se oculta e fica adormecida pela falta de uso. Ela pode ser ligada e trazida de volta à vida quando necessário. Você somente precisa aceitar o fato de que ainda possui aquilo que ganhou ao nascer — a sabedoria, inteligência e criatividade inerentes que compõem sua marca particular de gênio. Gênio é a capacidade de fazer o comum parecer novo; o complicado, mais simples; e o aparentemente incoerente, coerente. Combinar formas conhecidas de uma forma anteriormente desconhecida é o grande triunfo do gênio.

Sua capacidade para desenvolver e usar sua criatividade inata de forma intencional é um fator-chave de sucesso. Mas ela é muito subestimada e mal compreendida. Ela requer concentração e esforço nos desafios específicos que você seleciona, e uma confiança tranqüila em um bom resultado. Cada vez que você gera um critério ou solução criativa para um desafio, experimenta automaticamente os sentimentos positivos associados à realização. Usar sua criatividade de maneira organizada e sistemática lhe dá maior senso de controle da sua vida, aumenta sua auto-estima e leva-o na direção que você quer seguir.

Uma excelente definição de criatividade é que ela é a confecção do novo, ou o rearranjo do velho de um maneira nova. Ela representa a realização do potencial humano, da energia criativa do seu subconsciente. Este é um grande depósito. Ele contém a sabedoria do passado, a compreensão do presente e a visão do futuro. Explorando suas vastas reservas, você pode criar novos pensamentos a respeito do que quiser. Você pode desejar desenvolver talentos artísticos, acadêmicos ou profissionais e atingir metas específicas que sejam significativas e importantes para você.

(In: *Pense corno um Vencedor*! Dr. Walter Doyle Staples, Pioneira, São Paulo, 1994.)

RUI BARBOSA - Orador, jornalista, político e conferencista brasileiro, nascido no Estado da Bahia. Foi ministro de Estado e presidente da Academia Brasileira de Letras. Foi eleito deputado e senador. Participou ativamente da campanha abolicionista. Elaborou a Constituição de 1890 e fez projeto de lei pela reforma do Ensino Secundário e Superior. Projetou-se no cenário mundial, realizando conferências na defesa dos interesses nacionais. Foi consagrado na Conferência de Haia com o título de "O Águia de Haia", tão brilhante foi o seu desempenho. Entre seus escritos figura *A Réplica*. (1849 - 1923).

"

Quando se começam a encontrar vozes interiores, Deus está presente.

"

Através dos visíveis rumo ao invisível

Lao-Tse / Huberto Rohden

O excesso de luz cega a vista.
O excesso de som ensurdece o ouvido.
Condimentos em demasia estragam o gosto.
O ímpeto das paixões perturba o coração.
A cobiça do impossível destrói a ética.
Por isto, o sábio em sua alma
Determina a medida para cada coisa.
Todas as coisas visíveis lhe são apenas
Setas que apontam para o Invisível.

Explicação:

O verdadeiro sábio tem a intuição de que todas as coisas empírico-mentais não são fins em si mesmas, mas, apenas, meios para alcançar um fim superior.

O profano só conhece os meios e ignora o fim.

O místico só conhece o fim e despreza os meios.

O homem cósmico alcança os fins através dos meios.

É este o homem integral — que vive universicamente.

ROBERTO DUAILIBI - Publicitário e empresário, atua na área de propaganda há mais de vinte e cinco anos. Formado pela Escola de Sociologia e Política de São Paulo e pela Escola Superior de Propaganda, foi redator das agências CIN e McCann Erickson, chefe de redação da J.W. Thompson, vice-presidente da Standart Propaganda, professor e diretor de cursos da Escola Superior de Propaganda e Marketing e presidente do Conselho Nacional de Propaganda. É diretor da Agência de Propaganda DPZ e autor dos livros *Criatividade & Marketing* (em parceria com Harry Simonsen Jr.) e *Phrase Book.*

“Intuição é quando uma solução surge mesmo antes de havermos definido qual o problema que ela vai resolver.”

Aprenda a servir-se das vicissitudes em seu proveito

Robert J. O'Reilly

A maior parte de nós poderia, provavelmente, aprender algo com a humilde ostra. Em regra, trata-se de uma criatura bastante calma; de vez em quando, porém, grãozinhos de areia lhe entram pela concha e começam a irritá-la. Naturalmente, a ostra procura livrar-se deles. Todavia, quando não é capaz disso, ela simplesmente se acalma e produz uma das coisas mais inestimáveis e mais lindas do mundo: transforma a sua irritação numa pérola!

É-nos importante não só aceitar e subjugar nossas "irritações" e vicissitudes, mas devemos, se possível, aprender a servir-nos delas em nosso benefício. Uma contrariedade pode ser encarada como uma reversão ou, como o início de uma experiência nova.

Um famoso cientista teve a atitude certa quando, após o quinqüagésimo milésimo malôgro de uma série de experiências, um auxiliar, desanimado, lhe disse:

— Doutor, depois de 50 mil experiências, ainda não conseguimos resultados!

— Resultados? — respondeu — Temos ótimos resultados! Conhecemos agora 50 mil coisas que não darão certo.

Emerson concordou com essa filosofia, ao salientar que "todo erro é uma oportunidade para aprender".

Podemos começar a empregar os contratempos em nosso proveito, observando os seguintes passos:

1°) *Tire o melhor partido daquilo que você tem:* Sempre podemos salvar algum raio de esperança, até mesmo da pior situação. A Abilities, Inc.[1] é um dos mais sugestivos exemplos de tal verdade. Lá, não importa quão presumivelmente mutilado um indivíduo seja, a firma procura os seus *predicados*. Henry Viscardi Jr. explica isso da seguinte maneira: "Uma pessoa deseja realmente trabalhar? Se não deseja, sua incapacidade está em sua atitude e não em suas condições físicas. Se deseja, pode encontrar meios de

---

[1] A companhia Abilities, Inc., fundada em 1952, dispondo de 8 mil dólares de capital pedido emprestado, começou com quatro empregados, entre os quais havia apenas cinco bons braços e uma boa perna. Dirigida pelo dinâmico Henry Viscardi Jr. (que nasceu sem pernas), a Abilities, Inc. transformou-se, no curto espaço de dez anos, numa empresa próspera, que acusa vendas brutas de mais de 2,5 milhões de dólares! A companhia não aceita caridade; todos ganham de acordo com a escala salarial predominante; e a organização disputa, no mercado livre, os contratos de fornecimento de conjuntos eletrônicos. Henry Viscardi Jr., Raymond Leizer e os quase 400 empregados seriamente mutilados da Abilities, Inc. proporcionam uma prova animadora de que até mesmo os obstáculos mais difíceis podem ser vencidos.

proporcionar a si mesma o equivalente em braços, pernas, vista ou audição, a fim de que, embora permaneça fisicamente mutilada, não venha a ser profissionalmente incapaz."

Muitos empregados da Abilities trabalham aos pares, combinando suas capacidades e incapacidades e produzindo tanto quanto três homens. Viscardi fala de um indivíduo que sofria de paralisia cerebral. Esse indivíduo coxeava, arrastando uma perna de modo espasmódico; suas mãos tremiam constantemente; e, às vezes, todo o seu corpo estremecia a qualquer esforço. Ainda assim, ele podia servir de "olhos" para um grupo de cegos que trabalhavam no serviço de enfiamento de cabos. A vista era o único bem físico de que tal indivíduo podia dizer-se possuidor. Ele, contudo, tirava o máximo proveito de semelhante bem. (Seria interessante notar que, na Abilities, Inc., em nove anos, houve apenas quatro acidentes dignos de registro, *nenhum* deles sendo relacionado com as imperfeições físicas dos operários; os prêmios de seguro desses homens foram, recentemente, reduzidos pela metade.)

Podemos aprender uma grande lição com a Abilities, Inc. Em qualquer ocasião que formos atingidos por uma vicissitude, seja ela perda de emprego, passagem por prejuízo financeiro, malogro num empreendimento, ou algo dessa espécie, tiremos o melhor partido daquilo que tivermos e *fiemo-nos em nossos predicados*.

Como alguém o disse com tanta sagacidade, "quanto maior o obstáculo, maior a glória em superá-lo". E cada empecilho sucessivo que removemos nos torna realmente um tanto mais fortes e confiantes ao enfrentarmos o próximo.

2º) *Analise seus reveses — pergunte: por quê?* Reveses não são bem recebidos nem agradáveis. Podemos, porém, aprender a servir-nos deles em nosso benefício, em muitos casos, descobrindo o que os causou e de que maneira podemos impedir que a mesma ocorrência, ou uma ocorrência semelhante, suceda de novo no futuro. As observações de Aldous Huxley sobre este assunto vêm bem a propósito: "Experiência não é o que acontece a um homem, é o que este *faz* com o que lhe acontece."

Você talvez se lembre da história do camarada que era constantemente ignorado toda vez que se oferecia uma promoção. Por fim, reuniu bastante coragem para aproximar-se do patrão, dizendo-lhe:

— Por que é que nunca sou lembrado para promoção? Tenho mais de vinte anos de experiência neste ramo.

Ao que o patrão respondeu:

— O que o senhor diz é verdade só em parte. De fato, o senhor tem apenas um ano de experiência e o repetiu 20 vezes.

A palavra chave é: POR QUÊ? POR QUE isso aconteceu? Devemos indagá-lo de nós próprios não para fins de censura, mas em busca de conhecimentos. Conhecimentos que nos ajudarão a compreender melhor a nossa própria pessoa, guiando-nos por um caminho mais certo na próxima vez.

(In: *Pensamento Dinâmico* - Robert J. O'Reilly, Cultrix, São Paulo, 1965.)

Unidade na diversidade

Este antiquíssimo diagrama chinês *Tei-gi*
simboliza a unidade do universo.
Aparentemente tudo parece contrário.
Na essência tudo é complementar:

Uno - Verso
Yang - Yin
Positivo - Negativo
Raciocínio - Intuição

Leitor, use a intuição em todas
as decisões de sua vida!

Por que urge estudar e promover a criatividade?

Mauro Rodrigues Estrada

Em princípio de século, dois grandes expoentes das ciências do Homem, nos Estados Unidos, fizeram uma afirmação desconcertante e paradoxal: "A maioria das pessoas passa a vida e morre sem haver desenvolvido mais que 10% de suas capacidades".[1]

A asseveração é tanto mais significativa e grave quanto que, pelo que se sabe, foi pensada independentemente, e expressa as experiências de dois ilustres pesquisadores. O primeiro deles é William James, o "pai da psicologia americana", e o segundo, Frederick Taylor, pioneiro da administração científica do pessoal das empresas.

Parece impossível, além de absurdo, tamanho desperdício de 90% das capacidades humanas; porém, na medida em que estas duas autoridades se tenham aproximado da verdade, a situação é deplo-

[1] *Cf.* E. Raudsepp, *Creative Growth* Games; Nova York, Harvest, 1978, p.13

rável e desoladora e nos impõe uma análise severa.

Poderíamos pensar, por analogia, no caso de uma pessoa, dona de um aparelho de televisão com possibilidade de captar dez canais, que, durante anos e anos, o mantém no mesmo canal, ou porque desconhece a existência dos outros nove, ou porque, ainda que o saiba, sente-se incapaz de mover o seletor de canais.

A partir destas considerações, parece natural que, nos últimos decênios, se tenha suscitado uma importante reação e que os interesses de muitos pesquisadores se tenham centralizado no estudo e promoção dos potenciais do Homem e, concretamente, no desenvolvimento da criatividade. Há alguns anos, uma comissão, composta por 17 destacados psicólogos dos Estados Unidos, analisou quais áreas das ciências humanas estavam mais necessitadas de pesquisa e colocaram em primeiro lugar a criatividade.[2]

Há muitos anos, existem nos Estados Unidos o Center for Studies in Creativity, de Buffalo, Nova York; Center for Creativity for Leadership, Greensboro, Carolina do Norte; o Bureau of Educational Research, completamente orientado para a criatividade, na Universidade de Minnesota; e o Princeton Creative Research, Inc.; além de publicações, tais como o *Journal of Creative Behavior.*

Nos países latino-americanos, estamos ainda atrasados em relação a isso, mas a mesma realidade

---

[2] *Cf.* I. Taylor, "The nature of the creative process", em seu livro *Creativity*, editado por P. Smith, Nova Iorque, Hastings, 1959.

desperta já nossas inquietudes e precisamos nos interessar mais.

Qual é o papel da criatividade na vida do homem?

. É a própria substância da cultura e do progresso. Sem a criatividade, estaríamos nos primórdios da Idade da Pedra, vivendo na selva e comendo raízes. Tudo que existe no Cosmos pode ser dividido em dois grandes reinos: a natureza e a cultura. Tudo o que não é natural é artificial ou artefato, ou seja, fruto da ação transformadora do homem. Num dado momento, a roupa que vestimos, o lápis que usamos para escrever, o livro que lemos, o chão que nos sustenta e, provavelmente, até a luz da casa são obras do homem, testemunho, benefício e usufruto das capacidades criativas do *homo faber.*

. O ser humano, segundo Aristóteles, é ato e potência, isto é, realidade e possibilidade. Em parte somos e em parte podemos ser. Estamos abertos a novos e originais desenvolvimentos. Um bebê será, em vinte anos, mil coisas que, de momento, não são e nem podem ser previstas. Um dos primeiros mandamentos da psicologia é tão simples e profundo como o seguinte: *seja o que você pode ser,* ou seja, leve à sua plenitude o que o seu processo vital encerra e promete. Tenha constantemente consciência de estar aberto sempre a novas formas de ser e a novas produções.

. A criatividade pode ser sinônimo de plenitude e de felicidade. O bom pintor sente prazer em pintar; o bom organizador desfruta organizando; o bom matemático se deleita resolvendo equações. Produzir coisas novas e valiosas é fonte de gozo supremo. Ao criar, o homem se realiza e vence a angústia da morte. Albert Einstein se opunha a que se rendessem honras aos grandes sábios e pesquisadores, argumentando que, ao descobrir e produzir algo novo, já tinham suficiente recompensa.

(In: *Manual de Criatividade — Os Processos Psíquicos e o Desenvolvimento*, Mauro Rodríguez Estrada, Ibrasa, São Paulo, 1992.)

COCO CHANEL (Gabrielle Chanel) - Estilista francesa que começou fazendo chapéus e acabou se tornando a mulher mais importante da alta costura, nasceu em Saumur. Suas criações, que conduziam as mulheres para longe das roupas complicadas e desconfortáveis para um jeito de vestir informal, simples e desembaraçado, acabaram por tornar-se sinônimo de seu próprio nome. Ficaram famosos o seu corte de cabelo chanel, o perfume Chanel nº 5, como também o "vestidinho preto". (1883 - 1971).

"

Mais importante do que o corpo, são seus significados e as mensagens que ele emite.

"

O que o poder da intuição pode fazer por você?

Milton Fisher

Desenvolvendo sua capacidade intuitiva, o sucesso, a felicidade, a criatividade e o poder de decisão aflorarão facilmente. Aqui, estão algumas formas que meus alunos aprenderam para alcançar o intuitivo.

• Você ficará mais consciente de suas verdadeiras aspirações, de seu potencial e objetivos diretos. Sem uma entrada de energia intuitiva, você estará funcionando com menor capacidade. É como se você fosse um motor de oito cilindros trabalhando com apenas quatro. Se você nunca usou totalmente seu potencial intuitivo para ajudá-lo a lidar com os problemas do dia-a-dia, você não tem idéia de sua verdadeira capacidade. Como é possível estabelecer objetivos quando você nem sabe realmente quais são eles?

• Você estará em contato com você mesmo, uma experiência única e individual. Quando você se abre para o seu "banco de dados intuitivos", descobre novos aspectos de seu ser mais íntimo. Se você até hoje suprimiu sua voz intuitiva, está usando apenas seu conhecimento superficial.

• Você perceberá as situações complicadas com maior desembaraço. O sistema intuitivo é um fenômeno extra-sensorial. Seu uso traz informação adicional aos cinco sentidos, ditos conscientes. É impressionante como só um pouco mais de informação extra pode ser útil para decifrar todo um quadro. Você se lembra daquela figura pontilhada com números que você fazia quando era criança? Enquanto ligava os pontos uma forma aparecia de repente, e você via ali uma árvore ou um pássaro; mas se alguns dos pontos já estivessem ligados antes de iniciar, ficava mais fácil reconhecer a figura. A intuição vai "ligar os pontos" das situações embaraçosas em sua vida.

• Você vai conhecer o caráter das pessoas com maior rapidez e precisão. O sistema intuitivo traz à tona a percepção holística e enxerga coisas que são percebidas ou são desprezadas pelo conhecimento convencional. O sistema intuitivo não se impressiona com a aparência externa das pessoas, tais como riqueza, fama, posição social ou *status*, que é uma armadilha onde muitos de nós somos presa fácil. Esse sistema "pesca" sinais que não são evidentes e integra-os com os outros do sistema cognitivo, de maneira mais realista para o indivíduo, funcionando, na verdade, como um valioso "detector de mentiras".

• Você ficará mais consciente de suas necessidades pessoais, em relação ao sono, fome, aborrecimentos, trabalho, lazer ou sexo. O sistema intuitivo funciona quando você está dormindo ou acordado. Quando você desenvolve suas habilidades intuitivas, automaticamente abre canais de comunicação interna. Dessa forma, estará mais capacitado a identificar necessidades que não está conseguindo satisfazer e lidar melhor com as frustrações causadas por elas.

• Você vai melhorar sua capacidade de tomada de decisões. A intuição fornece informação inconsciente, o que torna a tomada de decisões mais fácil e confiável. Você tomará decisões mais rapidamente quando aprender a acreditar mais na sua intuição.

• Você encontrará coragem para agir de acordo com suas decisões. Assim que ficar provado que suas decisões estão mais agilizadas, adquirirá maior confiança em tomar novas decisões. Com a confiança vem também a coragem para agir. Isso é um processo de aprendizado: repetimos as coisas que dão certo e evitamos as que não dão. Quando se faz algo com sucesso e repete-se com freqüência, isto torna-se automático e toda a ansiedade embutida numa tomada de decisão como que se dissipa.

• Você vai melhorar seu relacionamento com as pessoas que lhe são importantes. Todos os nossos relacionamentos dependem da forma como percebemos as ações e atitudes de outros em relação a nós. Você pode estar tão habituado aos seus entes queridos que sua mente consciente despreza sinais perceptíveis de carência e dor. Desenvolvendo e usando seu sistema intuitivo, ficará mais sensível às carências dos mais próximos.

• Você saberá agir melhor em situações difíceis. Na verdade, saber o que fazer depende de detectar o problema real. Disse Albert Einstein: "É mais importante conhecer qual o problema exato do que encontrar a solução". Sua intuição pode facilitar o problema, bem como a solução, contanto que você aprenda a sintonizá-la e usá-la em seu benefício.

• Você saberá satisfazer melhor suas necessidades. Assim como a intuição torna mais fácil "pinçar" quais são suas necessidades efetivas, também ajuda a satisfazê-las. O sistema intuitivo com seu estoque próprio de informações e conhecimentos sabe exatamente quais são suas necessidades específicas que nunca são verbalizadas. Quando você aprende a trazer esse conhecimento no nível consciente, torna-se capaz de satisfazer essas necessidades. A confiança de conhecer a si mesmo de maneira total vai dar-lhe coragem para tomar medidas cabíveis a fim de mudar sua vida para melhor.

(In: *Intuição — Estratégias e exercícios para auxiliar na tomada de decisões*, Milton Fisher, Nobel, São Paulo, 1989.)

FRIEDRICH NIETZSCHE - Escritor e filósofo, nascido no vilarejo de Rocken, na Prússia. É um dos grandes filósofos do século XIX. Deixou um vasto legado em filosofia e causou perplexidade quando declarou a "morte de Deus" em uma de suas obras. Sua mais conhecida obra é *Assim Falava Zaratustra*. (1844 - 1900).

"As idéias vêm quando elas querem."

O palpite bem dosado

Sheila Ostrander e Lynn Schroeder
com Nancy Ostrander

"Uma sensação, uma intuição adiantada, freqüentemente me empurrou para a ação", explica o hoteleiro Conrad Hilton. Às vezes, os "palpites do Connie", como os concorrentes chamavam, pareciam uma vantagem desleal. Tomemos o caso, da Stevens Corporation. Foi aberta uma concorrência para venda da empresa com propostas lacradas. Hilton apressou-se a fazer sua primeira proposta, de 165 mil dólares. "Aí eu comecei a sentir qualquer coisa errada. Veio-me à cabeça uma nova cifra — 180 mil dólares. Achei que era a certa. Mudei a minha proposta com base nesse palpite. Quando foram abertas, a que mais se aproximava da minha era de US$ 179.800,00." Com base em um palpite, Hilton ganhou por escassos 200 dólares. "Mais tarde", conta ele, "obtive um retorno de dois milhões."

Mas você não precisa ser um magnata. A prova é Lawrence Tynan. No verão de 1971, ele olhava para o pátio de sua revenda de automóveis em Middletown, New Jersey, sem saber o que fazer para não ir à falência. Na primavera, ele comprava cinco vezes mais carros que de costume. Fez aquilo de palpite. Então, o

Presidente Nixon anunciou seu plano de vendas de carros novos com desconto. Em breve, em vez de carros, Tynan passou a ter cinco vezes mais lucros que de costume. "Eu nunca ia conseguir esses carros todos depois do discurso de Nixon", lembra ele.

Desde cedo, somos imbuídos de uma sugestão muito forte vinda de pais, professores e da cultura que nos cerca, para não agirmos de acordo com os sentidos, para não irmos atrás de palpites, como Hilton ou Tynan. As pessoas responsáveis não agem assim. Não é sensato, ensinavam-nos direta ou indiretamente. Com efeito, aconselhavam-nos a sermos *meio* ajuizados. As pessoas que usam *todo* seu juízo misturam dois tipos de conhecimento, o racional-analitico com o intuitivo-criativo.

Este capítulo trata de extrair o máximo de seu modo intuitivo de pensar e responder. Reforçar a capacidade intuitiva é em si uma maior conscientização de seu potencial. Cada vez fica mais claro que a Idade das Luzes acendeu apenas o lado racional da nossa natureza, deixando o outro lado no escuro. Ao mesmo tempo, fica também cada vez mais claro que as pessoas de grande sucesso sempre foram adeptas da utilização de todas as suas faculdades, mesmo se muitas vezes dão explicações "racionais" para encobrir os rastros da sua intuição. Um homem que sem dúvida usou os dois meios de pensar com um brilho digno da Renascença foi o arquiteto Buckminster Fuller. "Todo o mundo tem uma intuição muito poderosa mesmo", diz Fuller, "mas a maioria de nós, hoje em dia, se sente frustrada com a maior rapidez e aprende a não dar ouvidos à intuição."

É de se esperar que a intuição esteja presente nas artes ou no relacionamento amoroso. Mas não é de se esperar que o esteja no plano profissional mais agressivo, como as decisões de alto nível da indústria pesada. E, no entanto, foi aí que a descobrimos quando fazíamos entrevistas para o livro *Executive ESP* (Percepção Extra-sensorial em Nível Executivo), sobre a tomada de decisões. Conversamos também com professores, defensores de consumidores, jornalistas, meteorologistas. Estes foram os que mais responderam: "Claro, eu uso." A frase era completada por palpites, impressões, intuição e, às vezes, percepção extra-sensorial com todas as letras.

A intuição pode diminuir a carga que você carrega em qualquer profissão, da arqueologia à xerografia. Chestar Carlson, o advogado que inventou a Xerox, era bastante interessado em intuição e parapsicologia. Por quê? Porque ele a usava. Carlson era tão interessado que, no início da década de 60, financiou pesquisas sobre PES no Instituto de Tecnologia de New Jersey, a quarta maior escola de engenharia dos Estados Unidos.

Trabalhando no Projeto de Comunicações Parapsicológicas desta faculdade, o Dr. Douglas Dean e o Dr. John Mihalasky perguntaram-se a si mesmos: quando tudo está em nível ótimo — educação, inteligência, experiência — qual é o fator X que determina a diferença entre o bom desempenho e o desempenho superlativo? Tiveram o palpite de que a diferença poderia ser a PES em geral, e particularmente a *premonição*, ou sensação antecipada do que vai acontecer.

Eles testaram mais de 7 mil executivos no item da premonição. "Queremos que escolham um número de cem dígitos", disseram-lhes. "*Mais tarde*, um computador vai selecionar um número para cada um de vocês. Tentem adivinhar qual vai ser." A educação, a razão e a experiência não ajudavam em nada. Muitos homens e mulheres, no entanto, pareciam poder invocar a premonição. A média foi acima das probabilidades. O mais intrigante foi o resultado de 36 presidentes de empresas. O resultado saiu assim:

> Dos 21 presidentes que aumentaram em mais de 100% os lucros de suas empresas nos últimos cinco anos:
> • 19 obtiveram muitos pontos em premonição
> • 2 permaneceram dentro das probabilidades
>
> Dos 15 presidentes de empresas que não tiveram o mesmo desempenho:
> • 5 obtiveram muitos pontos em premonição (estes tinham aumentado os lucros da companhia de 51% a 100%)
> • 2 permaneceram dentro das probabilidades
> • 8 ficaram abaixo da média
> (...)

Intuição é uma palavra com um magnetismo que reúne diversos fatores, um dos quais é a PES. Provavelmente, a razão pela qual Conrad Hilton podia usar a PES num piscar de olhos era o fato de estar habituado a agir diariamente com base no lado intuitivo de sua mente. Antes de sonhar com a capacidade de premonição pura, procure exercitar a sua intuição. Vai ajudá-lo a tomar decisões. É também a base da criatividade.

(In: *Super-Aprendizagem pela Sugestologia*, Sheila Ostrander e Lynn Schroeder com Nancy Ostrander, Record, Rio de Janeiro, 1980.)

I Ching

O mais antigo oráculo chinês

Confúcio, um dos maiores filósofos chineses, quando já tinha 70 anos de idade, disse: "Se me fossem dados mais anos de vida, dedicaria cinqüenta deles ao estudo do *I Ching*, e talvez então pudesse evitar grandes erros".
O uso da intuição é fundamental no manuseio e aplicação do *I Ching*.

(In: *I Ching - O Livro das Mutações*, Nova Cultural.)

Einstein e a intuição cósmica

Huberto Rohden

Albert Einstein apareceu no céu do século XX como um cometa, e sua Teoria da Relatividade riscou o firmamento noturno como um meteoro, que explodiu sobre a terra. Há meio século que todo o mundo olha, estupefato, para esses fenômenos, mas ninguém compreendeu nada.

Em 1945/6, quando eu estava com Einstein na Universidade de Princeton, os professores de alto gabarito diziam que não havia meia dúzia de homens capazes de compreender as teorias dele. Um deles teve a sinceridade de dizer que não havia um só.

Depois disto foram escritos livros sem conta e tratados sobre Einstein e sua teoria, e não conheço um só que dê uma explicação mais ou menos compreensível. A mais recente obra que, no original inglês, tenho sobre a mesa: *Einstein the Life and the Time,* de Ronald W. Clark, escreve 720 páginas sobre esse homem, sua vida e seu tempo, mas não diz nada de cristalino sobre o enigma da relatividade, nem desvenda o mistério do autor.

Tenho diante de mim um livro pequeno de Peter Michelmore: *Einstein, Genie des Jahrhunderts,* que trata sobretudo da personalidade humana desse gênio e onde o autor menciona, repetidas vezes, que Einstein não deve ser analisado pelos métodos comuns, mas que deve ser considerado como um fenômeno *sui generis*.

A conhecida revista *Enciclopédica*, outubro de 1969, confirma o que outros já haviam afirmado ou adivinhado: que Einstein "se aproximava dos antigos mágicos, alquimistas e taumaturgos", em virtude de seu pensamento intuitivo, e não meramente analítico.

Lincoln Barnett e Gordon Garbedian também mencionam fatos estranhos da vida dele: em vésperas de lançar ao papel a célebre fórmula $E = mc^2$, Einstein desapareceu da Politécnica de Zurique, onde era professor, sem deixar vestígio do seu paradeiro por diversos dias, e reapareceu, faminto, desalinhado, alguns dias depois — e escreveu a fórmula que revolucionou o mundo.

Uma carta escrita a um amigo em 1954, um ano antes da sua morte, e publicada pela revista americana *Time*, de 26/1/69, revela que, em resposta a esse amigo, Einstein afirma que não tinha lembrança alguma de ter feito experiências empírico-analíticas, para descobrir a lei da relatividade, mas que isto lhe veio por intuição.

Declara textualmente: "Não existe nenhum caminho lógico para o descobrimento dessas leis elementares; o único caminho é o da intuição" *(there is only the way of intuition)*.

Quando professor na Universidade de Berlim, refere sua segunda esposa Elsa, havia dias em que ele se trancava no seu quartinho, na água-furtada do último andar de um edifício de sete andares, e dava ordem à esposa para que não o chamasse para nada, nem para as refeições, recomendando apenas que colocasse uma bandeja de sanduiches diante de sua porta trancada. Assim passava Einstein dias inteiros, na sua prisão voluntária, geralmente de pés no chão, em mangas de camisa, em total solidão, como um *yogui* em *samadhi*. Certa vez, refere o citado autor Peter Michelmore, quando sua esposa lhe havia comprado uma boa camisa social com lindas abotoaduras, Einstein cortou as mangas pelo cotovelo, a fim de se sentir mais à vontade e não ter o incômodo de abotoar os botões grã-finos.

Ainda no seu tempo de Princenton, Einstein se encerrava, às vezes, no seu gabinete de estudos, na sua casinha de Mercer Street, meio perdida no bosque, e não recebia visita alguma. Diariamente, subia pelo caminho solitário rumo às alturas do morro em cujo cimo se erguia *o Institute for Advanced Studies*, geralmente ia tão absorto que não me percebia quando eu emparelhava casualmente com ele; semelhante concentração é chamada "distração".

Sempre tive a impressão de que o espírito de Einstein vivia em outro mundo, e apenas o seu corpo físico perambulava por este planeta Terra, mantendo ligeiro contato com o nosso ambiente físico e social. Dinheiro e valores materiais eram para ele coisas fictícias; louvores e vitupérios, vivas e vaias, sucessos ou fracassos — tudo isto era farinha do mesmo saco. Depois de mais de um ano de convivência com ele na Universidade de Princeton, convenci-me de que um homem pode chegar ao mais alto grau da ética sem nenhuma "religião" determinada; Einstein não professava nenhuma espécie de religião ou seita, mas era um homem profundamente religioso. O recente livro sobre Einstein, de Ronald W. Clark, frisa repetidas vezes o fato, aparentemente estranho, de que um cientista de seu gabarito falasse tanto em Deus. Para os teólogos, devia Einstein ser um ateu, porque não admitia um Deus pessoal, antropomorfo; mas para nós, os filósofos, era ele um místico, um homem altamente espiritual, que sentia a presença de um Poder Supremo impessoal que rege os destinos do Universo. E esta experiência do Infinito lhe fazia sentir a fraternidade universal de todas as creaturas.

É um erro supor que Einstein tenha descoberto a teoria da Relatividade por meio de pacientes pesquisas e análises de largos anos. É certo que fez pesquisas, e muitas, mas estas análises por si só não podem ser consideradas como a *causa intrínseca* das suas descobertas, são apenas as *condições extrínsecas* das mesmas.

Mas... agora é que entramos no terreno tenebroso ou penumbral de que muitos dos leitores nada sabem e nada suspeitam. Por isto, apesar dos pesares, temos de cavar mais fundo e tentar atingir camadas menos conhecidas.

Quem não conhece a diferença entre o *ego-pensante e o cosmo-pensado* não poderá compreender Einstein, nem sua obra. Sobretudo entre as raças mais antigas do globo que conhecemos, entre as quais contam hebreus e hindus, aparecem, de vez em quando, indivíduos intensamente *cosmo-conscientes*, em que essa consciência prevalece notavelmente sobre a conhecida consciência personal. O povo fala então de homens inspirados, místicos, magos, profetas, etc. O homem ego-pensante, restrito ao seu minúsculo círculo dos sentidos e da mente, não compreende que a razão pode alargar notavelmente este círculo, abrangendo áreas muito maiores da consciência, que costumamos denominar cosmo-consciência.

Na antiga África, entre hebreus e não hebreus, apareceram homens cosmo-conscientes, como o grande Toth, a quem os gregos chamavam Hermes (o Deus da Sabedoria), três vezes magno (Trismegistos); na África também surgiu o poderoso legislador e condutor de Israel, Moisés; surgiu a luminosa constelação dos grandes neoplatônicos de Alexandria, Philo, Plotino e Orígenes; lá viveram alguns grandes faraós, sobretudo o iniciador do monismo Amenhotep IV, que mudou seu nome para o de Akénaton I; mais tarde, os gênios de Agostinho e Tertuliano.

Na Ásia, outro continente de cultura antiga, aparecem homens de cosmo-consciência, hindus e outros, como Buda, Krishna, Rama-Krishna, Vivekananda, Rabindranath Tagore, Mahatma Gandhi, Lao-Tse, Ramana Maharishi, Zaratustra, Paulo de Tarso e o próprio Jesus Cristo; todos eles, uns mais, outros menos, ultrapassaram a pequena ego-consciência do homem comum e foram invadidos pela grande cosmo-consciência. E essa cosmo-consciência deixou em muitos um lastro que, embora extraconsciente, de vez em quando torna a brotar na zona do consciente ou do supraconsciente.

Alguns dão a esse poder cósmico o nome de "alma do Universo" (Spinoza); outros, para não o amesquinhar, o deixam em perpétuo anonimato (Buda); outros lhe chamam "Pai" (Jesus); para outros, ainda, ele é simplesmente "Tao", Realidade (Lao-Tse); outros, finalmente, lhe dão o nome de "Lei" (Einstein).

Toda vez que esses homens cosmo-conscientes sentem a invasão dessa fonte infinita nos seus canais finitos, esvaziam os seus veículos humanos e permitem a invasão das forças cósmicas.

Quando o homem tem uma intuição racional, tem ele a impressão de ser invadido por uma força *de fora*, quando, na realidade, experimenta uma *evasão* ou erupção *de dentro* do seu próprio centro cósmico, antes inconsciente, e agora consciente. O que os nossos psicólogos costumam chamar o "inconsciente" — é o cosmo-consciente, que é, geralmente, ego-inconsciente. Quando então essa força cosmo-consciente, mas ego-inconsciente, se torna cosmo-consciente no homem, então ele teve a sua intuição. O homem meramente intelectual tem apenas o que poderíamos chamar "ex-tuição", ao passo que o homem racional tem "in-tuição", a visão de dentro, que parece ser uma invasão de fora. Para que a intuição possa funcionar, a ex-tuição tem de ser reduzida ao mínimo, mesmo a zero.

(In: *Einstein - O Enigma do Universo*, Huberto Rohden, Editora Martin Claret, São Paulo, 1995.)

EMERSON (Ralph Valdo) - Ensaísta, conferencista, filósofo e poeta norte-americano, nascido na cidade de Boston. Estudou em Harvard, com a expectativa paterna de se tornar ministro religioso. Por algum tempo, Emerson exerceu a função de pastor em sua cidade natal. Contudo, uma divergência doutrinária fê-lo desistir e retirar-se da Igreja. Desenvolveu a filosofia transcendentalista, exposta em suas obras *Natureza*, *Ensaios*, *Sociedade* e *Solidão*, entre outras. Segundo consta, o transcendentalismo exerceu grande influência sobre a vida intelectual norte-americana do século XIX. (1803 - 1882).

“

Qual a tarefa mais difícil do mundo? — Pensar.

”

O poder da intuição

Nelson Blecher

Por que a intuição (e quem sabe lidar com ela) é cada vez mais valorizada no mundo dos negócios

"Há algo dentro de você que sabe muito mais do que você."

Rocheile Myers (Professora de criatividade para executivos na Stanford Business School)

(...)

Num recente levantamento feito pelo respeitado IMD (International Institute for Management Development), com sede na Suíça, 80% dos 1.312 executivos entrevistados em nove países avaliam que a intuição se tornou importante para formular a estratégia e o planejamento empresarial. A maioria (53%) diz que recorre à intuição e ao raciocínio lógico em igual proporção em seu dia-a-dia. É importante que haja esse equilíbrio. Sem o apoio de análises baseadas em fatos objetivos e dados qualitativos, a intuição freqüentemente conduz a decisões equivocadas nos negócios. "O que eles estão dizendo é que administrar é mais do que contar, pesar e medir", afirma o professor Jagdish Parikh, coordenador daquela pesquisa e autor de *Intuição: A Nova Fronteira da Administração*, que terá uma versão em português editada pela Cultrix.

O IMD não se limitou a colher depoimentos. Eles foram confrontados com um teste objetivo. Japoneses, americanos e ingleses despontam no grupo dos executivos mais intuitivos. Foi confirmada uma tendência que, invariavelmente, surge nesse tipo de levantamento: a proporção de executivas que atingiram na avaliação alto grau de intuição é bem superior à dos homens. Mas o que mais surpreende na pesquisa não é isso. É a constatação de que, nesse quesito, tudo indica que estamos na contramão da tendência internacional. Ao contrário de seus colegas de oito nacionalidades, os executivos brasileiros são os que mais pendem para um lado da balança. Mais da metade deles afirma que no trabalho guia-se unilateralmente pelo raciocínio e pela lógica. Também no teste os brasileiros foram classificados, ao lado de franceses e austríacos, no grupo dos executivos apenas medianamente intuitivos. É surpreendente por dois motivos. Primeiro: o brasileiro sempre gostou de cultuar a auto-imagem de improvisador criativo, que se traduz pelo famoso jeitinho. Também não vivemos no país que projeta a excelência na música e no futebol? Segundo: racionalistas no escritório, seis em cada 10 executivos brasileiros recorrem à intuição em suas decisões pessoais. "É como ir para o trabalho deixando metade da capacidade em casa", diz a psicóloga e consultora carioca Fela Moscovici. "Pode estar nessa área não-racional a lacuna detectada por muitas empresas quando avaliam o desempenho de seus executivos."

O que vem a ser, afinal, a intuição?

Para começar, ela nada tem de sobrenatural, nem é exclusividade do sexo feminino. É uma forma de captar informações sem recorrer aos métodos do raciocínio e da lógica. Isso quer dizer que a intuição se opõe à razão? Não. Ela apenas se situa fora de seus domínios. Para Carl Gustav Jung, um dos expoentes da psicologia contemporânea, a intuição é a função da psique que desvenda as possibilidades. Funciona, dessa forma, como uma bússola. "Se estamos na selva ou trabalhando nas bolsas de valores, esses palpites e impressões serão armas eficazes", disse Jung.

Depois de entrevistar dezenas de executivos para um estudo a respeito de liderança, os pesquisadores americanos James Kouzes, e Barry Posner concluíram que a intuição resulta da mesclagem do conhecimento com a experiência. "Para o líder experiente, tudo isso pode ocorrer em questão de segundos", afirmam os autores de *O Desafio da Liderança*. "Mas são os anos de contato direto com uma variedade de problemas e situações que fornecem ao líder um *insight* singular". Isso explica por que, na pesquisa do IMD, a intuição alcança seu ponto máximo na faixa de 45 a 59 anos.

Força profunda

Recém-chegada ao léxico da administração, a intuição é uma velha companheira de artistas e cientistas. Num estudo recentemente divulgado nos Estados Unidos, 82 entre 93 Prêmios Nobel enfatizaram o papel importante dessa capacidade na criatividade e nas descobertas humanas. O ex-primeiro-ministro britânico Winston Churchill e os gênios da música Beethoven e Mozart atribuíram suas maiores realizações ao uso da intuição. O pensador americano Ralph Waldo Emerson a qualificou de sabedoria básica. "Nessa força profunda, o último fato além do qual a ànálise não pode ir, todas as coisas encontram sua origem", escreveu Emerson.

Há algo mais que você deve saber sobre a intuição. Como reconhecê-la, por exemplo? Se você for um intuitivo nato, agirá naturalmente movido por ela. Neste caso, a intuição está tão aflorada na consciência que fica difícil distingui-la. Isso não quer dizer que intuitivos sejam privilegiados nos escritórios. Luciano Colella, um analista junguiano, diz que a intuição, para resultar em eficácia, precisa sempre estar conectada a outras funções. "Sem pensamento capaz de organizá-la, uma idéia luminosa pode não servir para nada", diz Colella.

Insights e pressentimentos costumam vir acompanhados de reações emocionais e imagens ou emergem de uma voz interior. Pense no "eureca" de Arquimedes ou naquele estalo de quem decifrou um problema intrincado ou a teoria da relatividade. "Às vezes confio estar certo sem saber a razão", disse, certa vez, o físico Albert Einstein, que considerava a imaginação mais importante que o conhecimento.

(...)

(In: Revista *Exame*, 8 de outubro de 1997).

SAINT-EXUPÉRY (Antoine de) - Piloto e escritor francês, nascido em Lyon. Foi condecorado Cavaleiro da Legião de Honra, categoria aeronáutica civil, por suas proezas aéreas em Cabo Juby. Em 1931, recebeu o Prêmio Fémina por seu livro *Vôo Noturno*, e em 1939 recebeu o Prêmio Romance da Academia Francesa pelo livro *Terra dos Homens*, o qual, lançado nos Estados Unidos, tornou-se best-seller. Em 1943, lançou *O Pequeno Príncipe*, um de seus livros mais conhecidos. Em 1944, durante a Segunda Guerra Mundial, enquanto sobrevoava em missão, seu avião foi abatido por um grupo de caça alemão, ao norte da Bastia. (1900 - 1944).

"O essencial é invisível aos olhos."

Estado alterado da consciência

Dr. Anthony A. Zaffuto, Ph.D.

No Centro Alfagênico de Santa Bárbara, ensina-se a todos os aprendizes em treinamento um método de auto-avaliação chamado sintoma de "feedback". O sintoma de "feedback" lhe oferece vários testes para julgar o seu sucesso com a indução alfagênica sem a necessidade de equipamento eletrônico de "feedback". Um problema com que muitas vezes nos deparamos ao usarmos um aparelho de EEG é que o aprendiz acha difícil manter um estado de consciência passiva (estado de emissão alfa) devido à consciência ativa que tem, tanto dos eletrodos ligados ao seu couro cabeludo quanto ao monitor de "feedback". O método de sintoma de "feedback" elimina o emprego de medidas eletrônicas. É um meio natural de avaliar o seu sucesso.

Quando você se acha no estado de onda cerebral alfa, experimenta um estado "alterado" de consciência. Você já leu nos capítulos anteriores que, enquanto se acha em alfa, é capaz de regular a mente e o corpo. Pode medir seu sucesso na auto-regulação por alguns dos resultados que experimenta enquanto pratica seu exercício de indução. Quando você obtém êxito com qualquer um dos testes de sintoma de "feedback", pode admitir que está experimentando um estado alfa controlado.

Deve lembrar-se que seu objetivo final é aprender o controle de sua mente e de seu corpo; você trabalha para conseguir a auto-regulação. Não deve focalizar- se apenas em sua capacidade de controlar as ondas cerebrais alfa; isso constitui apenas um passo no caminho para atingir um estado auto-regulado. *Evite preocupar-se com o seu progresso. Lembre-se de que será bem-sucedido devido à sua consciência e atitude passivas. Não se pode forçar o progresso no treinamento alfagênico.*

Teste nº3 do sintoma de *feedback* — controle glandular

Uma terceira área de seu corpo que você pode testar é a da reação glandular a um estímulo. O teste de controle glandular usado no Centro Alfagênico em Santa Bárbara é chamado de Teste do Limão. É útil para a regulação da glândula salivar.

Usando do exercício de indução alfagênica, entre no que acha ser um estado alfa baixo (nível 25). Comece a imaginar-se vividamente na cozinha de sua casa. Repare nas cores do aposento. Veja o lugar das prateleiras, a mobília e quaisquer outros objetos interessantes no local. Observe cada detalhe. Torne esta cena tão vívida quanto possível em sua imaginação.

Imagine que está parado em algum lugar na cozinha. De onde está, pode olhar para a geladeira. Olhe atentamente para a geladeira. Vá até lá e abra a porta, reparando na solidez do puxador. Faça disso uma experiência imaginária vívida. Ao abrir a porta da geladeira, sinta o ar frio que vem lá de dentro. Meta a mão na geladeira e apanhe um limão. Em sua mão, você sente, o limão frio e úmido. Feche a porta da geladeira e encaminhe-se para a mesa da pia.

Pegue uma faca com a mão e sinta a dureza do cabo. Segurando o limão numa das mãos e a faca na outra, corte o limão ao meio. Observe as gotas do suco do limão na lâmina da faca. Deposite a faca na mesa e pegue uma das metades do limão. Morda-a. Sinta que está realmente mordendo o limão e provando-o.

Aos poucos; volte para um estado de vigília beta, conforme você aprendeu no exercício de indução alfagênica. Depois de retornar a um estado beta, em que você se encontra acordado, responda a duas perguntas: "Você salivou?" e "Sentiu o gosto do limão?". Quase todos os que fazem o Teste do Limão salivam, e muita gente, na verdade, experimenta, sente o gosto do limão. Se você salivar, isso é uma indicação de que conseguiu influenciar sua glândula salivar. Você vê se é capaz de controlar esta glândula, e se aprendeu a controlar uma glândula, no fim será capaz de aprender a controlar outras glândulas do seu corpo. Esse potencial para a auto-regulação pode ser estendido a todo o seu corpo.

(In: *Alfagenia - Como usar as ondas cerebrais para melhorar sua vida*, Dr. Anthony A. Zaffuto, Record, Rio de Janeiro, 1976.)

Adivinhação intuitiva

Na adivinhação intuitiva
podem-se distinguir duas subclasses.
Uma delas é a profecia, denominada
adivinhação intuitiva pura,
já que ocorre um estado de vigília,
e a outra que acontece em estado
hipnótico ou alucinatório, natural ou
provocado por meios artificiais.
Neste último grupo cabem tanto
os oráculos das pitonistas gregas
quanto as palavras proferidas pelos
médiuns nas sessões espíritas,
as quais não passam de uma versão
atenuada e aceita pela sociedade
atual da necromancia,
tão temida e perseguida durante
a Idade Média.

(In: *Nova Enciclopédia Barsa*, Vol. 1, p. 80.)

A intuição na área empresarial

Suely Braz Costa

O sucesso de nossa vida está em nossa capacidade de resolver as dificuldades. Muitos as enfrentam com desespero e chegam até a questionar: "Será que minha organização está condenada à extinção?". Não, se você for um pioneiro de paradigmas.

Os paradigmas são padrões de comportamento. Usamo-los primeiramente para estabelecer limites em nossa vida, em nosso trabalho, em nossa empresa, e em segundo lugar para nos orientar a resolver as dificuldades que estão dentro desses padrões.

No século XXI, serão os empresários que terão que mudar seus paradigmas. E se quiserem daqui para frente não apenas sobreviver mas prosperar, é melhor estarem preparados para alguns pioneirismos.

O mercado torna-se cada vez mais competitivo. A divisão do mundo em blocos (Mercosul, Nafta, APEC, EFTA, EEE, UE, G-3, Pacto Andino) já é uma realidade. A globalização é o caminho.

O desafio de cada empresa para ocupar o seu

espaço será muito maior. Não existirá receita pronta capaz de resolver todas as dificuldades, mesmo porque surgirá em diversos níveis algo novo. Como se orientar?

A bússola será sua intuição, uma vez que, matematicamente, você não terá tempo para equacionar suas idéias. Mas, se você estiver preparado para usar essa nova ferramenta de trabalho, você conseguirá sair-se bem nas diversas situações novas que se apresentarão.

Intuição é a capacidade de tomar boas decisões com base em dados incompletos, e extrapola os cinco sentidos. O significado disso é que, se você tiver de justificar uma decisão com fatos, eles nunca serão o bastante. Muitos ficam amedrontados quando ouvem a voz da intuição, pois muitas vezes ela os coloca em uma encruzilhada. Você tem que decidir se vai continuar pelo caminho tão conhecido, ou se vai tomar um novo caminho. Se você for um pioneiro de paradigmas, saberá que está fazendo a coisa correta e dará ouvidos a sua voz da intuição.

Muitos empresários acharão que intuição é coisa para esotéricos, virarão as costas e tentarão obter respostas racionais. Porém, diante das evidências, começarão a dar-lhe crédito.

Só a intuição, no entanto, não será suficiente, será preciso ter coragem, isto é, disposição para ir em frente, enfrentando grandes riscos. O momento não é de ficar sentado em sua cadeira e ver o futuro ser concebido, é hora de ir ajudar a elaborar o seu nascimento.

Sem você se harmonizar através da meditação, não conseguirá doar sua parcela de contribuição para essa mudança. Necessário se faz ouvir a voz da intuição e começar a agir; não poderão ficar na linha de frente os pioneiros do século XXI que não atuarem através da intuição na área empresarial.

É preciso, além da intuição, ter coragem para um outro compromisso com o tempo. Os pioneiros sabem quanto tempo leva para um conceito novo funcionar. Compreendem que não há caminhos fáceis e bem traçados, porque são os primeiros a entrar no território, são eles que abrem os caminhos. Existem os benefícios e os riscos, mas o maior perigo das empresas é ignorar o novo.

Iniciar algo exige mudança de hábito, disciplina, muita dedicação, muito amor, muita habilidade, um profundo compromisso de acompanhamento de todas as etapas, do conceito à prática. A maioria dos empresários e dos investidores quer segurança. Não quer palpites, quer números primeiro. Antes de tomar uma decisão, esses executivos exigem pesquisa de mercado, análise de custos de produção, margem de lucro, enfim, querem segurança. Bons números é igual a pouco risco, essa é a mentalidade do século XX.

É um quadro repetitivo de resultados. A maioria dos empresários do século XX tem esperado que as pequenas empresas sejam as pioneiras de novas idéias, então, quando for seguro, as grandes entram empurrando os pequenos para fora, com a força do dinheiro.

Esquecem-se de que com essa atitude estão correndo sérios riscos. Foi o que aconteceu com os Estados Unidos e o Japão. Os japoneses foram os pioneiros a colocar em prática a idéia americana de Qualidade Total e acrescentaram o pioneirismo do seu *kaisen* (melhoria constante).

Seria mais ou menos assim: quando chegam os

outros investidores e perguntam "É seguro aí na frente? Posso colocar em prática este TQC?", o pioneiro responde "É claro, mas não sobrou nada para você. Enquanto você nos copia, estamos inventando algo ainda melhor". Por mais dinheiro-capital que tenham para investir terão que se conformar em ser o segundo, o terceiro... Para implantar algo novo temos um período de adaptação.

Enfim, os pioneiros são aqueles que jamais dão uma colher de chá aos concorrentes, porque estarão sempre à frente, desbravando novos horizontes.

Seja um pioneiro! Utilize sua intuição a favor de sua empresa. Exercite sua criatividade formando telas mentais positivas de sucesso. Mantenha-se sempre harmonizado, calmo, equilibrado; capte da mente universal os conhecimentos ilimitados, as boas idéias para impulsionar sua empresa. Acredite na força da meditação. Saiba que, quando falamos em meditação, não estamos querendo dizer que você deverá ficar de joelhos olhando para o alto. Não. Você pode meditar olhando uma planta, a água, o verde, caminhando. O importante é acalmar a mente, é sentir que você e o universo são uno, que pulsam juntos, que estão em perfeita harmonia e que, portanto, podem prosperar infinitamente sob quaisquer circunstâncias. O universo responde a suas perguntas, há inteligências superiores capazes de ouvi-lo e ajudá-lo.

Para se tornar um pioneiro de paradigmas, viaje, inteire-se sobre o que tem sido feito em sua área e nas outras. Procure fazer amizade com pioneiros de paradigma. O possível todos fazem, você precisa aprender a viabilizar o impossível. Leia e, se quiser, faça cursos de leitura dinâmica. Fique atento aos rumores de novas idéias. Se elas forem úteis, procure adaptá-las a suas necessidades. Ouça sua intuição, ela é como sua própria vida. Você nunca acertará em todas as soluções, esteja preparado para as dificuldades, são elas que fazem você crescer. Não deixe o fracasso matar sua intuição, porque, a longo prazo, os ganhos superarão as perdas. Escute seus colegas de trabalho, seus clientes, seus fornecedores e seus concorrentes. Não tema territórios desconhecidos. Tenha esperança. Acredite que haverá sempre novas oportunidades nos esperando.

(In: *Administração Holística - A Intuição Como Diferencial*, Suely Diaz Costa, Editora Saraiva, São Paulo, 1996.)

HIPÓCRATES - Tradicionalmente considerado o fundador da medicina, Hipócrates nasceu na ilha grega de Cós. Visitou o Egito e conheceu os estudos médicos atribuídos a Imhotep. Seu principal mérito foi a abordagem puramente natural das doenças e a recusa às interpretações mágicas e religiosas da época. A sua concepção dos quatro humores corporais (a fleuma, o sangue, a bílis e a atrabílis), responsáveis pelo equilíbrio saudável, se manteve nas concepções médicas mais recentes. O juramento de Hipócrates, que resume sua ética, é ainda recitado nas colações de grau de estudantes de medicina.
(460 a.C. - 377a.C.).

“As forças naturais que se encontram dentro de nós, são as que realmente curam nossas doenças.”

Invenção, descoberta e intuição

Roberto Duailibi e Harry Simonsen Jr.

Koestler afirma que a criatividade aplicada na ciência, na arte, no humor ou em negócios, segue caminhos análogos em todos os níveis da atividade humana.

Considerando o marketing como o conjunto de atividades que se destinam a otimizar o lucro de uma empresa, assegurando a sua sobrevivência e expansão, o administrador de marketing deve ser um homem com suficiente sensibilidade para captar as alterações que existam ou que se processam, ou que estejam em vias de se processar no mercado onde a empresa atua, em mercados onde poderia estar, ou internamente, com a finalidade de atingir aquele grande objetivo estratégico ou os pequenos objetivos táticos.

É muito discutido esse aspecto da otimização dos lucros, desde que Galbraith pôs maior ênfase nos aspectos de sobrevivência e expansão das empresas como objetivos primordiais. Por uma questão de conceituação pessoal, no entanto, vamos considerar que o lucro continua sendo a mais legítima e a mais objetiva de todas as motivações da empresa, inclusive como a única forma viável para obter a sobrevivência e a expansão.

Criatividade significa o ato de dar existência a algo novo, único e original. Em marketing, esse "algo novo e original" deve partir da premissa básica de que deve ser útil à empresa ou ao seu criador, à comunidade de consumidores ou à comunidade em geral.

A criatividade pode assumir duas formas principais: a invenção e a descoberta.

Invenção (ou inovação) quando, pela associação de dois ou mais fatores aparentemente díspares, chega-se a um terceiro fator que tem parte dos anteriores, mas que, em relação a eles, é novo.

Disse H. G. Barnett, em *Innovation, The Basis of Cultural Change*, que, quando se dá a inovação, há uma íntima união ou fusão de dois ou mais elementos que não estavam anteriormente juntados daquela maneira. O resultado é qualitativamente diferente. Usando uma analogia biológica, uma inovação é como o resultado de um cruzamento genético ou híbrido; é totalmente diferente de qualquer um de seus pais, mas guarda semelhança com eles em alguns pontos.

Já Peter Drucker, em *Landmarks of Tomorrow*, afirma filosoficamente que a inovação é mais do que um novo método. É uma nova visão do universo, muito mais de risco do que de acaso ou de certeza. É uma nova visão do papel do homem no universo; ele cria a ordem assumindo riscos. E George F. Kneller dá a sua contribuição, talvez mais objetivamente, quando afirma que a novidade criadora é extraída do remanejo do conhecimento existente — remanejo que se acrescenta ao conhecimento. Ou, como disse Henri Poincaré: "A associação entre fatos de há muito conhecidos, que eram entretanto encarados como estranhos uns aos outros". E confirmado por Ampère:

"Gênio é a faculdade de perceber relações".

Descoberta ocorre quando se percebe algo já existente e se verbaliza essa constatação, seja através de uma definição, seja através de uma equação ou fórmula matemática.

Melville J. Herkovitz define melhor essas duas formas da criatividade, em seu livro *Man and His Works, The Science of Cultural Anthropology*, citando H. S. Harrison: "*Descoberta* é o encontro acidental de algo que não se havia percebido anteriormente. *Invenção* é a criação deliberada de alguma coisa radicalmente nova". Embora não concordemos com as palavras "acidental" e "deliberada", vale a pena citá-lo.

Ralph Linton, em O *Homem: Uma Introdução à Antropologia*, diz que descoberta é todo acréscimo de conhecimento, enquanto que invenção é toda nova aplicação de conhecimento. E é ainda Linton que, no mesmo livro, afirma que a invenção e a descoberta constituem os pontos de partida para todo estudo do crescimento e das modificações culturais, desde que só por estes processos podem novos elementos ser adicionados ao conteúdo global da cultura humana.

Poderíamos afirmar que a invenção, por depender mais da criatividade, é mais heurística; a descoberta, por partir do já existente, é mais algorítmica.

Mas há um terceiro fator que poderia esclarecer melhor o que é a verdadeira criatividade: a *intuição*, ou, segundo W. Kohler, o *insight*, percepção súbita de uma solução. Em termos gerais, a intuição é a *resposta que precede à pergunta* — e ocorre quando, a partir de dados não conhecidos, consegue-se gerar dados novos, que vêm se combinar para a invenção ou para a descoberta.

Harding Lawrence, quando presidente da Braniff, disse no Congresso da Indústria Aeronáutica, em 1968, que "o julgamento intuitivo" precisa guiar as decisões, já que há falta de acesso aos "fatos críticos". Outro que deu ênfase à intuição foi Fletcher L. Byron, presidente da Koppers Co. Ele sugere nove mandamentos básicos que os presidentes das empresas devem passar aos seus sucessores e inclui, entre esses, os seguintes: "Preste atenção aos ventos das mudanças", "Mantenha sua intuição bem lubrificada" e "Saiba onde a informação está escondida; nem todas estão em máquinas de processamento de dados; a maioria deve ser encontrada naquele mecanismo único conhecido como ser humano".

Em termos pragmáticos, porém, vamos ser mais guestaltistas e considerar a criação como a capacidade de formar mentalmente imagens (ou sistemas, ou estruturas) de coisas, idéias ou teorias não-presentes ou conhecidas.

Ela assume várias formas:

A imaginação, que é a representação mental ou daquilo que é lembrado, ou do que nunca foi apresentado aos sentidos. Neste segundo caso, nós a classificaríamos como "imaginação criadora", imagem mental de coisa anteriormente desconhecida e nunca apresentada aos sentidos, seja do receptor ou do próprio transmissor da comunicação criativa.

A fantasia é a capacidade de representar sem restrições o novo e o irreal, eventualmente pela combinação de elementos da realidade. A ficção científica, neste sentido, chega a ser fantasia, na medida em que representa solução nova, porém a partir de dados da realidade já constatada ou de uma realidade pelo menos possível. Flash Gordon era fantasia há vinte anos. Hoje, os dados são muito menos desconhecidos, pois já fazem parte de uma realidade possível, enquanto que na época de sua criação eram de uma realidade não-possível.

A criatividade, finalmente, em si mesma, como é compreendida, é a capacidade de formar mentalmente idéias, imagens e coisas não-presentes ou dar existência a algo novo, único e original, *porém com um objetivo.*

Isso equivale a dizer que, quando se é propositadamente criativo, a busca de soluções não está baseada nem na fragilidade da fantasia (que não tem restrições) e nem somente na facilidade da imaginação (que funciona reprodutivamente mesmo não se lhe dando objetivo).

Esclarecendo essa diferença entre fantasia, imaginação e criatividade, é bom dizer que não se deve confundir o criativo com o não convencional; sugere-se, portanto, objetivos que, em si mesmos, são limitativos.

A criatividade dentro da empresa não significa, assim, uma busca de originalidade, mas a busca da solução de problemas objetivos. É muito importante considerar isso, para que não se façam certas confusões; associando a criatividade com o não convencional ou com o inusitado e vice-versa.

Brewster Ghiselin, no livro *The Creative Process*, dá os testemunhos de pessoas como Einstein, Mozart, Van Gogh, Keats, Nietzsche, Jung, Herbert Spencer, sobre os caminhos seguidos por seus pensamentos e diz que a criatividade é o processo de mudança ou de desenvolvimento ou de evolução na organização da vida subjetiva.

Há necessidade, entretanto, de um elemento

de surpresa, algo de incomum. Durante o ato criador, manipulamos símbolos ou objetos externos para produzir um evento *incomum* para nós ou para o nosso meio. Um bom exemplo da criatividade com o elemento surpresa é o humor.

Assim, segundo Koestler, o que caracteriza a anedota é a percepção de uma idéia em dois sistemas de referências que são consistentes por si mesmos, porém incompatíveis. (Exemplo: estava um homem passando a ferro, quando o telefone tocou; o homem queimou a orelha.) Na compreensão de uma piada, o pensamento e a emoção separam-se; para a sua reorganização, o pensamento estabelece associações totalmente diversas, gerando um conflito que cria uma tensão emocional que, por sua vez, se resolve através do riso.

O mesmo processo pode ser estabelecido em alguma surpresa que, para o consumidor, se resolve através da compra ou da aceitação de um produto, serviço ou idéia.

Isso, de certa forma, nos é sugerido pelo sentido lúdico da compra — já que Freud encara a criatividade como uma extensão dos brinquedos da infância e Marcuse quer mais ou menos a mesma coisa citando Schiller e Jung quando propõe a transformação do trabalho em atividade lúdica, e da produtividade repressiva em exibição, uma transformação que deve ser antecedida pela conquista da carência (escassez) como fator determinante da civilização.

(In: *Criatividade & Marketing,* Roberto Duailibi e Harry Simonsen Jr., Abril/Mc Graw-Hill, São Paulo, 1971.)

BERGSON (Henri-Louis) - Filósofo e professor francês. Doutor em Letras, recebeu o Prêmio Nobel de Literatura em 1928. Foi membro da Academia Francesa e presidente do Comitê de Cooperação Intelectual da Liga das Nações. Durante a Primeira Guerra Mundial exerceu, também, a função diplomática. A filosofia de Bergson enfatizou a reflexão espiritualista e foi uma resposta às correntes filosóficas existentes até 1890, dominadas por idéias mecanicistas, materialistas e deterministas. Deixou muitas obras, entre elas *Matiére et Mémoire* (*Matéria e Memória*). (1859 - 1941).

"

Existem coisas que só a inteligência é capaz de procurar, mas, que por ela mesma, não encontrará jamais. Essas coisas, só o instinto as encontraria, ele porém, não as buscas jamais.

"

Meditação: a mais gratificante das atividades humanas

John Novak

De todas as atividades humanas, a meditação é a mais natural e, contudo, a mais profundamente gratificante. O grande mestre de *yôga*, Paramhansa Yogananda, definiu a meditação como uma intensa concentração em Deus ou em um de Seus aspectos. Quando praticada diariamente, produz resultados extraordinários em todos os níveis de nosso ser — físico, mental, emocional e espiritual. Ela nos une aos nossos próprios poderes interiores de vitalidade, clareza e amor. Quando praticada profundamente, ela também nos une a Deus e à sua infinita alegria.

A meditação tem três estágios — relaxamento, interiorização e expansão. O processo, descrito de uma forma bem simples, é o seguinte:

1. Relaxe completamente, tanto física como mentalmente;

2. Interiorize a mente e concentre-a, intensamente, em seu próprio eu mais elevado ou em algum aspecto de Deus; e

3. Expanda a consciência, até que a mente individual mergulhe no Infinito.

Embora este processo possa ser descrito de uma forma bem simples, atingir realmente os estados mais profundos requer dedicação e disciplina. No entanto, mesmo a mais breve prática da meditação proporcionará resultados imediatos.

Fisiologicamente, tem-se verificado que a meditação, entre outras coisas, reduz a tensão, fortalece o sistema imunológico e auxilia os processos de cura do corpo. Durante a meditação, a respiração e as ondas cerebrais tornam-se mais lentas, a pressão sangüínea e o ritmo dos processos metabólicos diminuem, e a circulação e desintoxicação do sangue aumentam. Um estudo recente de pacientes com problemas na artéria coronária revelou que uma combinação de meditação, *hatha yôga* e uma dieta vegetariana natural pode fazer retroceder a enfermidade com muito mais eficácia do que o melhor tratamento médico tradicional atualmente disponível.

Embora os benefícios físicos e mentais da meditação sejam notáveis, ela é, antes de tudo, uma arte espiritual. Seu objetivo básico consiste em nos conduzir à perfeição, à compreensão de que somos um só com o Infinito. Viemos de Deus e somos feitos à Sua imagem, e nossos corações estarão inquietos até que alcancemos de novo a unidade (*yôga*, em sânscrito) com Ele. Do mesmo modo que os lótus se abrem para o sol, somos levados pela nossa própria natureza mais elevada, pela centelha de Deus dentro de nós, a movermo-nos rumo à luz da comunhão interior com Ele. A meditação é o caminho direto para esse estado divino.

Nos últimos anos, a meditação tornou-se comumente aceita e muito praticada no Ocidente. Hoje em dia, ela é ensinada nas igrejas, recomendada pelos físicos e largamente praticada pelos atletas. Há capelas de meditação em aeroportos, hospitais e até mesmo no Congresso. Estima-se que mais de dois milhões de pessoas na América praticam, com regularidade, a meditação.

Trata-se de uma arte antiga, que remonta a um período bem anterior à existência de registros históricos. Pedras com desenhos que mostram pessoas sentadas em várias posturas *yoguis* foram encontradas no Vale do Indo, na Índia, e, segundo os arqueólogos, datam de, pelo menos, 5000 a.C. E, no entanto, ao longo de todos esses milênios, a meditação se manteve como uma ciência viva e vital.

Com a afluência dos ensinamentos oriundos da Índia, a tradição e os benefícios da meditação estão sendo introduzidos no Ocidente. A prática da meditação tem um potencial extraordinário para enriquecer a nossa vida individual como a nossa sociedade. Para o historiador Arnold Toynbee, a introdução das tradições orientais no Ocidente constitui a mais importante influência no século XX.

(In: *O Essencial sobre Meditação*, John Novak, Editora Pensamento, São Paulo, 1995.)

Mandala de Vishnu, Nepal, 1420

Mandala. Basicamente, um círculo místico. Jung usou-o como símbolo do eu enquanto um todo — a representação do processo total de auto-realização, simbolicamente representado pelo círculo ou pelo quadrado. Na *iôga* tântrica, a mandala é o *yantra*, ou instrumento de contemplação, o lugar de nascimento dos deuses. Como Jung apontou, ela é encontrada em todo o Oriente, mas também (desde a Idade Média) no ocidente cristão, e mostra freqüentemente Cristo no centro, com os quatro evangelistas ou seus símbolos à sua volta. Esse símbolo parece lembrar a representação egípcia muito mais antiga de Hórus no centro, cercado pelos seus quatro filhos. "A mandala", escreveu Jung, "normalmente aparece (em sonhos) em situações de confusão psíquica e de desorientação, assim como o *yantra*, instrumento com cuja ajuda a ordem é estabelecida."

(*No Mundo dos Sonhos*, de Derek e Julia Parker e *O Poder do Mito* de Joseph Camppbell.)

O centro da vida: pura inteligência criadora

Dr. Harold H. Bloomfield, Michael Peter Cain e Dennis T. Jaffe

A premissa fundamental da psicologia da satisfação é a de que dentro de cada pessoa existe um centro, aparentemente inexaurível, de energia, inteligência e satisfação. Como este centro está na origem de todo o pensamento e ação, mas permanece com fronteiras distintas de ambos, foi identificado como pura inteligência criadora. A palavra pura refere-se à independência deste centro quanto ao pensamento e à ação. A criatividade diz respeito aos valores energéticos e generativos apresentados por este centro. E a inteligência relaciona-se com o papel que este centro desempenha, como o princípio ordenador da percepção e do comportamento. Na medida em que nosso comportamento depende do grau de energia e inteligência disponíveis a nós, este centro de pura inteligência criadora pode ser descrito como aquele recurso que dá direção a tudo o que experimentamos, pensamos e fazemos.

A menos que investiguemos em detalhes este conceito, tanto do ponto de vista analítico como experimental, poderemos com facilidade rejeitá-lo como pura fantasia especulativa. Portanto, vamos começar por examinar a experiência. Encontramos alguma indicação da existência de um reservatório de energia e inteligência na base da mente? Todos já experimentamos inumeráveis pensamentos, cada um dos quais exibe qualidades de energia, em seu fluxo, e de inteligência, em sua imediaticidade. Podemos assumir a responsabilidade pela criação de tais pensamentos? A observação detalhada do processo do pensamento revela que não podemos tentar pensar. O pensamento surge espontaneamente, de um centro dentro de nós.

Uma maior observação do processo de pensamento revela que a energia e a inteligência aumentam, à medida que experimentamos níveis mais tranqüilos do processo de pensar. Nossas idéias mais poderosas surgem quando a mente está tranqüila. A pessoa pode lutar com um problema durante dias, até, finalmente, sentar-se para relaxar e observar uma poderosa solução borbulhando em seus pensamentos. Um general planeja um combate na tranqüilidade da retaguarda, não nas linhas de frente; um filósofo desenvolve suas idéias na quietude de seu gabinete, não na sala de aula; um arquiteto desenha seus projetos no silêncio de um escritório, e não em meio à atividade do local de construção. Quanto mais perto chega a pessoa de experimentar o aspecto mais calmo do processo de pensamento, maior energia e inteligência encontrará incorporadas ao seu pensamento.

A MT é uma técnica sistemática para ganhar acesso aos níveis mais tranqüilos do pensamento e à experiência da pura percepção. Se indivíduos praticando a MT descobrem uma crescente energia, inteligência e satisfação em suas vidas, tal evidência constitui maior prova de que a pura inteligência criadora reside no nível mais tranqüilo da mente. As pesquisas oferecem forte apoio a este argumento.

Mas a existência da pura inteligência criadora deve, em última análise, ser confirmada pela experiência direta. Enquanto nossa percepção limita-se à superfície da mente, ou seja, no nível do estar consciente de algo, necessariamente rotularemos a pura inteligência criadora como um conceito abstrato. Durante a MT, entretanto, a pessoa experimenta níveis mais tranqüilos do processo do pensamento, ocupa-se com o objeto da percepção cada vez menos distintamente, transcende de modo natural o pensamento consciente e ganha a pura percepção, a experiência da inteligência criadora. Em virtude deste estado, os meditadores reconhecem que um campo sem limites sustenta e mantém toda a percepção dos objetos. Quando o indivíduo volta deste estado para a atividade, com maior energia, inteligência e felicidade, ele compreende que o campo da percepção sem limites com o qual entrou em contato é um reservatório destas qualidades.

As análises do processo de pensamento, dos efeitos da MT e da experiência direta da transcendência constituem a prova fundamental da existência da pura inteligência criadora. Será que a experiência da transcendência é mística e, portanto, não sujeita à análise científica ou à descrição lógica? Não. Já mostramos, anteriormente, que esta experiência tem correlações fisiológicas sem paralelo. Agora, mostraremos que a experiência da transcendência em si mesma pode ser explicada de modo lógico. Maharishi descreveu o processo da transcendência:

Prosseguindo em direção às camadas mais sutis da expressão da inteligência criadora dentro da mente, experimentamos um terno campo de sentimentos. Bem lá dentro da ternura do sentimento, experimentamos o caráter pessoal do sentimento. Dizemos "Eu sinto deste modo", "Eu sinto", "Eu sinto *meus* sentimentos". Assim, o eu, na sede de toda a minha pessoalidade, é mais ternamente localizado dentro do sentimento. Lá dentro do eu existe um nível mais terno de inteligência criadora que é a "eu-dade". A "eu-dade" é quase o valor abstrato da existência individual, a inteligência. E, lá dentro, a "eu-dade" individual é ilimitada — a realidade não- manifesta, não mutável, imortal, eterna. (186:XIX)

(In: *MT - Meditação Transcendental*, Dr. Harold H. Bloomfield, Michael Peter Cain e Dennis T. Jaffe, Nova Fronteira, Rio de Janeiro, 1980.)

LORD BYRON - Poeta e escritor inglês do início do século XIX, nasceu em Londres. Seu aristocracismo se reflete na escolha de um estilo classicista pelo qual tratou uma temática româmtica. Toda a sua obra, que exprime o pessimismo romântico, pode ser vista como um grande painel autobiográfico. Inovou com a sua postura de rebeldia ante as convenções morais e religiosas e no charme cínico de seus heróis. Como moda literária, o byronismo se espalhou pela Europa até o final do século XIX. Suas principais obras são: *O Corsário*, *O Cerco de Corinto*, *Manfred*, *Don Juan* e o *Prisioneiro de Chilon*. (1788 - 1824).

"A consciência do homem é o oráculo de Deus."

O sonho intuitivo de Willian Blake

Brian Inglis

Um dos mais célebres sonhos da história da arte — excetuando-se, porém, aqueles em que artistas célebres tentaram retratar o que haviam visto em sonhos — foi aquele em que, segundo seu biógrafo Alexander Gilchrist, revelou-se a causa do êxito de William Blake.

"Pelo final de 1788, foi escrita a primeira parte de uma série de poemas singularmente original e significativa, por meio da qual Blake se afirmou, embora não reconhecidamente, junto à atenção dos que o conheciam e, depois, de gerações inteiras; e se executaram as ilustrações coloridas, que ele fez acompanhar dos escritos, acreditando que a beleza das obras estava no fato de elas serem inseparáveis. *Songs of Innocence* formam a primeira parte de uma série que ele, mais tarde, agrupando-as, chamou significativamente de *Songs of innocence and experience*. Porém, como publicá-las? Prestígio junto ao público ou crédito junto ao comércio, ele não possuía nenhum."

Blake sabia que poderia ser o gravador de seus trabalhos, não, porém, o tipógrafo; e, durante algum tempo, não encontrou solução para esse problema. Mas veio-lhe, afinal, a inspiração numa "visão noturna" em que Robert, um irmão seu já morto, lhe revelou o que fazer.

"Ao levantar-se pela manhã, a senhora Blake saiu com meia coroa, todo o dinheiro que possuíam no mundo. Dessa quantia, gastou 1 shilling e 10 pennies. com materiais simples, necessários para pôr em prática a nova revelação. Com esse investimento de 1 shilling e 10 pennies ele iniciou o que viria a ser o principal meio de sustento de sua vida futura — a série de poemas e escritos ilustrados por chapas coloridas e, mais tarde, retocadas à mão, minuciosamente, e que viriam a ser o mais eficiente e durável dos meios de revelar ao mundo o gênio de Blake."

O método consistia em gravar palavras, além de desenhos.

A pintura de Blake, bem como os seus escritos, estava tão intimamente ligada aos sonhos que seria inútil tentar separar os diferentes elementos, conscientes ou inconscientes. No caso de Turner, segundo seu biógrafo Philip Gilbert Hamerton, a questão torna-se um pouco mais fácil; suas paisagens tinham com a realidade "a mesma relação que os sonhos tem quando neles vemos algum sítio já visitado". Ainda que fosse possível, digamos, reconhecer num quadro uma igreja, nesta haveriam de faltar certos traços — não devido a um lapso de memória da parte de Turner, mas porque "seu trabalho não é recordar, mas sonhar e desenhar, ou pintar seu sonho".

"Que se pergunte agora: qual a natureza e quais as qualidades do sonho? Será mera confusão de imagens ou terá ele uma ordem própria, diversa da ordem da realidade? Portanto, pensemos em Turner, doravante, simplesmente como poeta; e poeta não limitado por fatos topográficos de qualquer espécie... Turner prestava tanta atenção à verdade das coisas, quaisquer que elas fossem, quanto os poetas geralmente o fazem. Vivia num mundo de sonhos e a utilização do mundo real, no seu caso, foi aparentemente apenas a de oferecer sugestão e material para os sonhos.

(In: *O Poder dos Sonhos*, Brian Inglis, Círculo do Livro, São Paulo, 1980.)

ANDRÉ MALRAUX - Conhecido por seus romances e penetrantes ensaios, o escritor francês Malraux foi, além disso, um homem de ação que, em sua obra, revelou a evolução de suas concepções políticas e morais. Nasceu em Paris, mas viveu muito tempo no Camboja e depois na China. Recebeu o Prêmio Goncourt de 1933, com a obra *A Condição Humana*. O horror do nazismo e fascismo foram tema de um de seus melhores romances, *A Esperança*. Finda a guerra, produziu *As Vozes do Silêncio*, onde expõe sua convicção na suprema grandeza da arte como depositária dos valores espirituais da humanidade. Em 1958, foi nomeado Ministro da Cultura da França, cargo que exerceu por dez anos. (1901- 1976).

"

A arte é um jeito que o ser humano tem de resgatar sua própria grandeza oculta.

"

Os sonhos de Descartes

Brian Inglis

Descartes, que então contava vinte e três anos, estava em Ulm, nos aquartelamentos de inverno do príncipe de Nassau. Era já consumado matemático, mas ambicionava ser muito mais: desejava ser filósofo; demonstraria que a precisão matemática poderia estender-se para abranger a metafísica. O progresso, porém, esquivava-se dele. Na noite de 18 de novembro, no entanto, teve um de seus sonhos: "A coisa mais importante de minha vida".

Segundo sua biografia, de André Baillet — publicada em 1641, portanto, quando Descartes ainda vivia —, no primeiro de seus sonhos defrontou-se com alguns fantasmas que tanto o atemorizaram que ele mal conseguia manter-se em pé, ereto; era obrigado a inclinar-se para a esquerda, a fim de disfarçar a fraqueza do lado direito." Embaraçado por ter de andar assim , tentou endireitar-se; mas uma espécie de redemoinho o fez dar uma volta. A cada passo quase caía, até que, afinal, ao ver em seu caminho um colégio que estava aberto, lá entrou em busca de abrigo e cura para os seus males." A primeira idéia que lhe ocorreu foi a de dirigir-se à capela a fim de orar, "mas, percebendo que acabara de passar por uma pessoa conhecida sem a saudar, estava a ponto de retornar para o fazer, quando o vento o arremessou violentamente em direção à capela". Lá um homem chamou-o pelo nome, no pátio; dizia-lhe que o senhor N. tinha algo para ele. Supôs Descartes que deveria ser um melão, trazido do estrangeiro. Mas perturbou-se ao verificar que as pessoas em torno dele não experimentavam dificuldade para estar em pé, em posição correta, ao passo que ele próprio ainda estava cambaleante, embora o vento houvesse amainado. Nesse ponto, Descartes despertou, sentindo dor de um lado, e isso, "temia ele, significaria talvez que algum espírito maligno o tentava seduzir". Voltou-se para o lado direito, pedindo a Deus que o preservasse da má influência do sonho e das calamidades que o esperavam, como castigo de seus pecados. Adormeceu de novo e imediatamente veio-lhe outro sonho, no qual acreditou ouvir estrondosa explosão, que tomou por trovoada. Assustado, despertou e viu seu quarto aparentemente repleto de faíscas — algo que já lhe acontecera. Nessa ocasião, porém, decidiu buscar na filosofia a explicação. Assim, acalmou seus temores e conseguiu descontrair-se e adormecer novamente.

Durante o terceiro sonho, Descartes viu um livro sobre uma mesa, mas sem saber como lá teria ido parar. "Abriu-o e verificou que era um dicionário, o que o alegrou, achando que seria útil." Percebeu então que sua mão estava pousada sobre outro livro, o qual igualmente não havia visto antes, nem fazia idéia de onde teria vindo; tratava-se de uma coletânea de poemas de vários autores. Nesse ponto, o sonho tornou-se confuso; e o livro de poemas aparecia e desaparecia.

O impacto desses sonhos foi tal que Descartes

tentava interpretá-los à medida que se desenvolviam. Deus, decidiu ele, permanecia seu último refúgio, mas não era o Deus da infância. O Deus do seu ego adulto devia, certamente, estar a repreendê-lo por suas fraquezas, empurrando-o para diante, para o seu destino. A trovoada fora uma manifestação de que o espírito da verdade descera sobre ele; os livros, a poesia e a filosofia tinham seu papel a desempenhar na aquisição da sabedoria. E o melão? Pudicamente sugeriu Descartes que ele invocava os encantos da solidão, "mas apresentados por solicitações puramente humanas". Freud foi mais explícito: "Se dermos o desconto para a linguagem do tempo, é óbvio que a questão se refere a fantasias que levam à masturbação".

Ao analisar os sonhos e as interpretações de Descartes, Raymond de Becker chegou à seguinte conclusão em seu livro *Understanding of dreams* (1968): não importa saber se eram ou não corretas. O ponto importante era o de saber se Descartes neles acreditava e deles "recebera a iluminação para aquilo que mais tarde veio a considerar como a maior de suas descobertas: a unidade de todas as ciências humanas". Mais que isso: "os séculos posteriores a Descartes teriam sido totalmente diferentes se, na noite de 10 de novembro de 1610, o unilateralismo das primeiras abordagens do filósofo não houvesse sido contrabalançado por três sonhos que expressavam sua angústia e sua revolta inconsciente. Esse ponto de vista não é recomendável para os cristãos, se eles acham que a verdadeira iluminação não surge de modo tão confuso.

Jacques Maritain, filósofo e divulgador do catolicismo, acreditava que os sonhos haviam sido estimulados no cérebro do filósofo por malignas influências rosa-cruzes. Para os racionalistas, esses sonhos eram ainda mais embaraçosos. Embora as teorias de Descartes sobre a atividade onírica hajam sido infindavelmente discutidas e dissecadas pelos filósofos a partir de seu tempo, raro é até mesmo mencionarem os três sonhos que, naquela noite de novembro, modificaram o rumo de sua vida.

(In: *O Poder dos Sonhos,* Brian Inglis, Círculo do Livro, São Paulo, 1991.)

MICHEL DE MONTAIGNE - Filósofo e escritor francês, nascido em Bordeaux. Foi membro do Parlamento francês. É considerado, por muitos aspectos dos temas que aborda, como precursor do Iluminismo. Dois estímulos se destacam no pensamento do filósofo: a busca da verdade e a paixão pela liberdade. Entre suas obras destaca-se *Os Ensaios*. (1533 -1592).

"O homem sábio não é sábio em todas as coisas."

O nascimento do universo

Stephen W. Hawking

(Conclusão)

Vivemos num universo desconcertante. Tentamos dar sentido ao que vemos à nossa volta e perguntamos: qual é a natureza do universo? Que lugar ocupamos nele e de onde viemos, ele e nós? Por que é assim, exatamente desse jeito?

Para tentar responder a essas perguntas adotamos uma "imagem de mundo". Da mesma forma como uma infinita torre de tartarugas sustentando uma Terra plana é uma da imagens, assim também o é a teoria das supercordas. As duas descrevem o universo, ainda que a última o faça de maneira muito mais matemática e precisa do que a primeira. A ambas, entretanto, falta a evidência empírica: ninguém jamais viu uma torre gigante de tartarugas com a Terra em seu topo; mas tampouco alguém jamais viu uma supercorda. Entretanto, a teoria das tartarugas falha em ser uma boa teoria científica porque prevê que as pessoas seriam capazes de cair pela margem do mundo. Isso não tem apoio na experiência, a menos que se transforme na explicação do suposto desaparecimento de pessoas no Triângulo das Bermudas!

As primeiras tentativas teóricas de descrever e

explicar o universo envolviam a idéia de que os eventos e os fenômenos naturais eram controlados por espíritos com emoções humanas, agindo de maneira muito semelhante à dos homens, embora imprevisível. Tais espíritos habitariam os objetos naturais, como rios e montanhas, e inclui-se os corpos celestes, como o Sol e a Lua. Eles deviam ser aplacados para distribuírem suas bênçãos e assim garantir a fertilidade do solo e a mudança das estações. Gradualmente, entretanto deve ter sido notado que havia determinadas regularidades: o Sol sempre nasce no leste e se põe no oeste, tenha ou não sido feito algum sacrifício ao deus Sol. Além disso, o Sol, a Lua e os planetas seguem trajetórias precisas através do céu, trajetórias que podem ser previstas com antecipação e razoável acuidade. O Sol e a Lua podem ainda ser considerados deuses, mas certamente deuses que obedecem a leis rigorosas, aparentemente sem quaisquer exceções, se desconsiderarmos histórias como a que registra a paralisação do Sol por Josué.

No início essas regularidades e leis só eram óbvias na astronomia e em poucas outras situações. Entretanto, à medida que a civilização se desenvolvia; e particularmente nos últimos trezentos anos, cada vez mais regularidades e leis vêm sendo descobertas. O sucesso dessas leis levou Laplace, no começo do século XIX, a postular o determinismo científico, ou seja, ele propôs que deveria haver um Conjunto de leis que determinassem com precisão a evolução do universo, dada a sua configuração num determinado tempo.

O determinismo de Laplace era incompleto em dois aspectos. Não esclarecia como as leis foram escolhidas e não especificava a configuração inicial do universo. Isso era deixado para Deus, que teria escolhido a maneira de dar início ao universo e às leis que o regeriam, sem que, no entanto, voltasse a intervir, uma vez tudo começado. Com efeito, Deus era confinado a áreas que a ciência do século XIX não dominava.

Sabemos agora que as esperanças de Laplace no determinismo não podem se realizar, pelo menos nos termos que ele pensou. O princípio da incerteza da mecânica quântica significa que certos pares de quantidades, tais como posição e velocidade de uma partícula, não podem ser ambos previstos com rigor absoluto.

A mecânica quântica lida com essa situação através de uma classe de teorias quânticas, em que as partículas não têm posições e velocidades definidas, mas são representadas por uma onda. Essas teorias quânticas são determinísticas no sentido de que geram leis para a evolução da onda no tempo. Então, se conhecemos a onda num determinado tempo, pode-se calculá-la em qualquer outro tempo. O elemento imprevisível, o acaso, aparece apenas quando se tenta interpretar a onda em termos das posições e velocidades das partículas. Mas talvez seja este o nosso erro: talvez não haja quaisquer posições e velocidades na partícula, mas apenas ondas. É exatamente por isso que tentamos ajustar as ondas a nossas idéias preconcebidas de posições e velocidades. O descompasso resultante é a causa da aparente imprevisibilidade.

De fato, redefinimos a tarefa da ciência como sendo a descoberta de leis que nos permitam prever eventos até o limite estabelecido pelo princípio da incerteza. Uma questão, entretanto, permanece:

como, ou por quê, as leis e o estado inicial do universo foram escolhidos?

Neste livro, dei ênfase especial às leis que governam a gravidade, porque é ela que configura a macroestrutura do universo, ainda que seja a mais fraca das quatro categorias de força. As leis da gravidade são incompatíveis com a opinião, sustentada até recentemente, de que o universo é imutável no tempo: o fato de que a gravidade seja sempre atrativa implica que o universo possa estar tanto em expansão quanto em contração. De acordo com a teoria geral da relatividade, deve ter havido um estado de infinita densidade no passado, o Big Bang, ou grande explosão, que teria sido o efetivo começo do mundo. De forma semelhante, se o universo inteiro explodisse novamente, deveria haver outro estado de densidade infinita no futuro, o Big Crunch, que seria o fim do tempo. Mesmo que o universo como um todo não entrasse novamente em colapso, haveria singularidades em algumas regiões determinadas, que explodiriam para formar os buracos negros. Essas singularidades seriam o fim do tempo para quem quer que ali caísse. Na grande explosão e demais singularidades todas as leis são inoperantes; então Deus ainda teria tido completa liberdade para escolher o que aconteceu e como o universo começou.

Quando se combina a mecânica quântica com a relatividade geral parece haver uma nova possibilidade que não surgira antes: que espaço e tempo juntos formem um espaço finito, quadridimensional, sem singularidades ou limites, como a superfície da Terra, porém com mais dimensões. Parece que essa idéia pode explicar muitas das características observadas no universo, tais como sua uniformidade em larga escala e também as escalas menores saídas da homogeneidade, como galáxias, estrelas e mesmo seres humanos. Ela pode mesmo dar conta das setas de tempo que observamos. Mas, se o universo for totalmente autocontido, sem singularidades ou limites e completamente descrito por uma teoria unificada, haverá profundas implicações no papel de Deus como Criador.

Einstein uma vez formulou a pergunta: "Que nível de escolha Deus teria tido ao construir o universo?" Se a proposta do não-limite for correta, ele não teve qualquer liberdade para escolher as condições iniciais. Teria tido, é claro, a liberdade de escolher as leis a que o universo obedece. Isso, entretanto, pode realmente não ter sido um grau assim tão elevado de escolha; pode ter sido apenas uma, ou um pequeno número de teorias completas unificadas, tal como a teoria da corda heterótica, que são autoconsistentes e permitem a existência de estruturas tão complexas quanto os seres humanos, que podem investigar as leis do universo e fazer perguntas acerca da natureza de Deus.

Mesmo se só existisse uma possível teoria unificada, ainda assim seria um conjunto de regras e equações. O que é que inflama as equações e gera um universo para que elas o descrevam? A abordagem usual da ciência, construção de um modelo matemático, não pode responder a questões como por que deveria haver um universo para o modelo descrever. Por que o universo chega a todas as preocupações do existir? A teoria unificada é tão constrangedora que traz à tona sua própria existência? Ou ela precisa de um criador e, se for assim, teria ele qualquer outro efeito no universo? E quem o teria criado?

Até então, a maior parte dos cientistas tem estado muito ocupada com o desenvolvimento de novas teorias que descrevam *o que* é o universo para poder se ocupar da questão do *porquê*. Por outro lado, as pessoas cuja tarefa é fazer a pergunta *por quê*, os filósofos, não têm sido capazes de se manter atualizadas sobre as mais avançadas teorias científicas. No século XVIII os filósofos consideravam todo o conhecimento humano, incluindo a ciência, como campo de seu domínio e discutiam questões como a possibilidade de o universo ter tido um começo. Entretanto, nos séculos XIX e XX a ciência se tornou muito técnica e matemática para os filósofos ou qualquer outra pessoa além dos poucos especialistas. Os filósofos reduziram tanto o escopo de suas indagações, que Wittgenstein, o mais famoso pensador deste século, declarou: "A única tarefa que sobrou para a filosofia foi a análise da linguagem". Que decadência da grande tradição de filosofia de Aristóteles a Kant!

Entretanto, se descobrirmos de fato uma teoria completa, ela deverá, ao longo do tempo, ser compreendida, *grosso modo*, por todos e não apenas por alguns poucos cientistas. Então todos, filósofos, cientistas, e mesmo leigos, seremos capazes de fazer parte das discussões sobre a questão de por que nós e o universo existimos. Se encontrarmos a resposta para isso teremos o triunfo definitivo da razão humana; porque, então, teremos atingido o conhecimento da mente de Deus.

(In: *Uma Breve História do Tempo*, Stephen W. Hawking, Círculo do Livro, São Paulo, 1990.)

HUBERTO ROHDEN - Filósofo e educador brasileiro. Nasceu na cidade catarinense de Tubarão. Escreveu cerca de 50 obras sobre religião, ciência e filosofia. Em Princeton, conheceu Einstein, quando lançou os alicerces para o movimento mundial da Filosofia Univérsica. É biógrafo de Einstein, Pascal, Gandhi, Jesus de Nazaré e Paulo de Tarso, entre outros. Seu livro mais conhecido é *De Alma para Alma*. (1893 - 1981).

"A intuição é a voz de Deus dentro de nós."

Jornada infinita

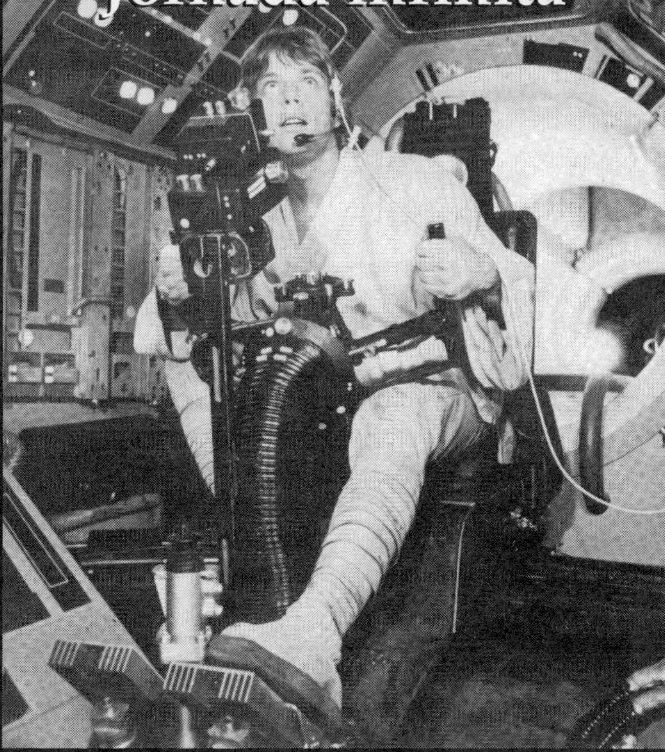

Mark Hamill como o personagem Luke Skywalker, em *Guerra nas Estrelas*.

"Quando você se lança numa jornada e o fim parece cada vez mais distante, então você percebe que o verdadeiro fim é o percurso."

Emile Durkheim (Sociólogo francês, fundador da sociologia; autor, entre outras, da obra *As Regras do Método Sociológico*, 1858 - 1917.)

MARTIN CLARET - Empresário, editor e jornalista. Nasceu na cidade de Ijuí, RS. Presta consultoria a entidades culturais e ecológicas. Na indústria do livro inovou, criando o conceito do livro-clipping. É herdeiro universal da obra literária do filósofo e educador Huberto Rohden. Está escrevendo o livro *O Infinito Jogo da Vida — Novas Tecnologias para Atualização do Potencial Humano*. (1928 -).

"A intuição é uma faculdade humana que pode ser desenvolvida e aperfeiçoada."

Rafael
(1483-1520)

Raffaello Sanzio, conhecido em português como Rafael, nasceu em Urbino, na Itália, em 6 de abril de 1483. Seu pai, Giovanni Santi, era pintor de poucos méritos, mas homem culto e bem relacionado na corte do duque Federico de Montefeltro. Transmitiu ao filho, de precoce talento, o amor pela pintura e as primeiras lições do ofício.

Após a morte do pai, em 1494, Rafael foi para Perugia, onde aprendeu com Pietro Perugino a técnica do afresco ou pintura mural. Em sua primeira obra de realce "O casamento da Virgem" (1504), a influência de Perugino evidencia-se na perspectiva e na relação proporcional entre as figuras. A disposição das figuras é, no entanto, mais informal e animada que a do mestre.

No outono de 1504, Rafael foi a Florença, atraído pelos trabalhos de Leonardo da Vinci e Michelangelo. Sob a influência sobretudo da obra de DaVinci, absorveu a técnica renascentista e executou diversas madonas. Fez uso das grandes inovações intoduzidas na pintura por Da Vinci : o claro-escuro, contraste de luz e sombra que empregou com moderação, e o esfumado, sombreado levemente esbatido, em vez de traços, para delinear as formas e na exploração das possibilidades expressivas da anatomia humana.

Em 1508, por sugestão de Bramante, seu amigo e arquiteto do Vaticano, foi chamado a Roma pelo Papa Júlio II. Nos doze anos em que permaneceu nesta cidade incumbiu-se de numerosos projetos de envergadura, nos quais deu mostras de uma imaginação variada e fértil. Dos afrescos do Vaticano, destacam-se "Disputa", que mostra a visão celestial de Deus, seus profetas e apóstolos, e a "Escola de Atenas", que é uma alegoria complexa do conhecimento filosófico profano. Mostra um grupo de filósofos de várias épocas históricas ao redor de Aristóteles e Platão.

Apesar da grandiosidade do empreendimento dos trabalhos dos aposentos pontifícios, cujas últimas partes foram deixadas principalmente por conta de seus discípulos, Rafael, que então se tornara o pintor da moda, assumiu ao mesmo tempo numerosas outras tarefas: criou retratos, altares, cartões para tapeçarias, cenários teatrais e projetos arquitetônicos de construções civis e igrejas como a de Sant'Eligio degli Orefici. Tamanho era seu prestígio que, segundo o biógrafo Giorgio Vasari, Leão X chegou a pensar em fazê-lo cardeal.

Em 1515, com a morte de Bramante, Rafael foi nomeado para suceder-lhe como arquiteto do Vaticano e assumiu as obras em curso na Basílica de São Pedro e na decoração da *logias* (galerias) do Vaticano, onde realizou composições de lírica simplicidade que pareciam contrabalançar a aterradora grandeza da capela Sistina pintada por Michelangelo.

Competente pesquisador interessado na antiguidade clássica, Rafael foi designado, em 1515, para supervisionar a preservação de preciosas inscrições latinas em mármore. Dois anos depois, foi nomeado encarregado geral de todas as antiguidades romanas, para o que executou um mapa arqueológico da cidade. Sua última obra, a "Transfiguração", encomendada em 1517, desvia-se da serenidade típica de seu estilo para prefigurar coordenadas de um novo mundo turbulento — o da expressão barroca.

Em consequência da profundidade filosófica de muitos de seus trabalhos, a reputação de humanista e pensador neoplatônico de Rafael implantou-se em Roma. Entre seus amigos havia respeitados homens de letras, como Castiglione e Pietro Aretino, além de muitos artistas.

Em 1519, Rafael projetou os cenários para a comédia *I Suppositi*, de Ludovico Ariosto.

Coberto de honrarias, Rafael morreu em Roma em 6 de abril de 1520.

Última Mensagem

Martin Claret

Este livro-clipping é uma experiência educacional. Ele vai além da mensagem explícita no texto.
É um livro "vivo" e transformador.
Foi construído para, poderosamente, reprogramar seu cérebro com informações corretas, positivas e geradoras de ação.
O grande segredo para usá-lo com eficácia é a aplicação da mais antiga pedagogia ensinada pelos mestres de sabedoria de todos os tempos:
A REPETIÇÃO.
Por isto ele foi feito em formato de bolso, superportátil, para você poder carregá-lo por toda parte, e lê-lo com freqüência.
Leia-o, releia-o e torne a relê-lo, sempre.
Invista mais em você mesmo.
Esta é uma responsabilidade e um dever somente seus.
Genialize-se!